MEMOIRES
SECRETS
POUR SERVIR A L'HISTOIRE
DE LA
RÉPUBLIQUE DES LETTRES
EN FRANCE,

Depuis MDCCLXII jusqu'a nos jours;

OU
JOURNAL
D'UN OBSERVATEUR,

CONTENANT les Analyses des Pieces de Théatre qui ont paru durant cet intervalle ; les Relations des Assemblées Littéraires ; les notices des Livres nouveaux, clandestins, prohibés ; les Pieces fugitives, rares ou manuscrites, en prose ou en vers ; les Vaudevilles sur la Cour ; les Anecdotes & Bons Mots, les Eloges des Savants, des Artistes, des Hommes de Lettres morts, &c. &c. &c.

TOME DOUZIEME.

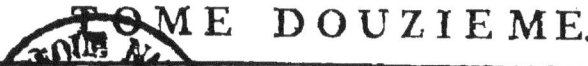

. . *huc propius me,*
. . *vos ordine adite,*
Hor. L. II. Sat. 3. vs. 81 & 82.

A *LONDRES,*
CHEZ JOHN ADAMSON.

M. DCC. LXXXIV.

MÉMOIRES
SECRETS

POUR SERVIR A L'HISTOIRE DE LA RÉPUBLIQUE DES LETTRES EN FRANCE, DEPUIS MDCCLXII JUSQU'A NOS JOURS.

ANNÉE M.DCC. LXXVIII.

1 *Juin.* LE *Journal militaire* qui avoit été entrepris autrefois en pays étranger, & n'avoit pas duré long-temps, recommence depuis le premier avril fur de nouveux errements, & feroit très-bien fait, fi le *Profpectus* étoit rempli: mais on ne peut en concevoir une haute idée par le nom du rédacteur, qu'on fait être M. Durofoy, affifté, il eft vrai, de quelques coopérateurs, gens du métier.

1 *Juin.* Tous les marguilliers, amateurs, fuivants de l'opéra, font fort affligés d'un événement qui jette la confternation dans l'empire

lyrique. Mlle. Cecile, cette nouvelle danseuse qui en fait l'espérance, l'ornement & les délices, ayant refusé de danser parce qu'on ne lui donnoit pas l'habit de Mlle. Guimard, M. Amelot se trouvant à l'opéra ce jour-là même malheureusement, a ordonné qu'elle fût, sur le champ, conduite au Fort-l'Evêque, & déclarée incapable de paroître désormais sur aucun théatre. On se flatte que le ministre se laissera toucher par les graces, la figure & la jeunesse de ce sujet, encore enfant.

1 *Juin* 1778. On parle beaucoup d'une petite fête donnée samedi à Marly, par le roi, à la reine, en félicitation de sa grossesse. Il y a eu sur-tout un café tenu par les plus jolies femmes de la cour, & une loterie, dont le gros lot étoit un diamant de 500 louis.

1 *Juin*. Depuis que la faculté avoit condamné M. de Voltaire, il s'étoit tenu plusieurs conciliabules chez l'archevêque de Paris, & le résultat avoit été d'effectuer la menace que l'église faisoit, il y a long-temps, contre ce chef de l'impiété, de lui refuser la sépulture chrétienne. Le curé de St. Sulpice a bien vu le malade plusieurs fois, mais celui-ci faisoit le muet, & le pasteur n'en a pu rien tirer; en sorte qu'il n'a pas même reçu l'extrême-onction. On ne désespère pourtant pas encore de vaincre, par le secours de l'autorité, l'opiniâtreté des prêtres, qu'on appaisera d'ailleurs avec beaucoup d'argent.

2 *Juin* 1778. Mlle. Cecile, qui a eu le bonheur de plaire au prince de Conti, s'est prévalue de cette protection auguste, & n'est restée que quelques jours au Fort-l'Evêque. On se flatte que, par égard pour les plaisirs de S. A. sérénissime,

il sera dérogé à l'exclusion prononcée contre cette danseuse, & qu'elle ne tardera pas à reparoître ; ce que souhaitent ardemment tous les partisans de l'art de *Terpsichore*, malgré la quantité de sujets distingués qu'a l'opéra dans ce genre. On assure même qu'elle a déjà dansé dimanche.

2 *Juin* 1778. On varie tellement sur les motifs qui ont déterminé l'évasion du cadavre de M. de Voltaire, sur ce qu'il est devenu & sur ce qu'il deviendra, qu'on ne peut encore fixer la vérité sur des faits. Il paroît qu'il a conservé sa tête jusqu'au dernier instant, & qu'il travailloit encore la veille de sa mort. Outre les divers ouvrages qu'il avoit sur le métier, depuis qu'il avoit été élevé à la place de directeur de l'académie Françoise, il avoit pris à cœur son illustration, & vouloit refondre son dictionnaire.

Une consolation très-grande qu'il a eue avant sa mort, a été de voir l'arrêt du parlement contre M. de Lally cassé. On assure que sur la part que lui en a donné sur le champ M. de Lally de Tolendal, il lui a répondu & témoigné sa satisfaction. On sait qu'il avoit écrit en faveur de ce fameux criminel.

3 *Juin* 1778. M. de Vismes est enfin parvenu à rassembler une troupe de bouffons dans cette capitale, & ils devoient paroître pour la premiere fois demain dans un opéra de leur genre en deux actes, intitulé : le *Finte Gemelle*; ou les *Fausses Jumelles*. M. Noverre se proposoit de l'étayer d'un ballet pantomime de sa composition. La maladie d'un de ces histrions oblige de renvoyer à un autre jour cette re-

préfentation. Il paroît qu'on n'a pas d'eux une haute opinion, cependant on annonce le fameux Caribaldi.

4 *Juin* 1778. Les membres de légiſlation dramatique, rougiſſant de plus en plus du rôle honteux qu'ils ont joué en ſe rangeant ſous la direction d'un chef tel que le ſieur Caron de Beaumarchais, ſe diſperſent peu-à-peu; & il y a apparence que tout leur travail ne prendra nullement conſiſtance. Quelques-uns ſe plaignent même que les comédiens, pour ſe venger du projet formé de ſe ſouſtraire à leur joug, cherchent à l'aggraver, & deviennent plus inſolents. C'eſt ce que vient d'éprouver tout récemment M. le Mierre à l'occaſion de ſa *Veuve du Malabar*, qu'il deſireroit reproduire ſur la ſcene; non-ſeulement il n'éprouve aucune complaiſance de leur part, mais ils ſont durs & récalcitrants.

5 *Juin* 1778. La reine aime tellement le ſpectacle, que pour l'amuſer il a fallu former à Marly à la hâte une ſalle de comédie dans une grange. C'eſt la Dlle. de Montauſier, & la troupe de Verſailles qui viennent la deſſervir. Les gens de la cour ſe plaignent d'y être fort mal à l'aiſe, & ſur-tout mal aſſis.

5 *Juin*. Autant qu'on a pu éclaircir ce qui concerne le départ du cadavre de monſieur de Voltaire, ne ſachant trop qu'en faire, & dans la crainte que l'évêque d'Annecy, avec qui le phyloſophe défunt avoit déja eu des querelles fort vives, inſtruit de ce qui s'étoit paſſé à Paris, ne ſecondât le fanatiſme de l'archevêque, la famille eſt convenue proviſoirement de le mettre en dépôt à Scellieres, abbaye de

Champagne, qui appartient à l'abbé Mignot. Il y a été conduit par un domeſtique de confiance, & l'on eſt actuellement à ſe remuer auprès du gouvernement pour décider définitivement du ſort des reliques de ce grand homme. On ne dit pas même où les moines les ont placées, ſi c'eſt dans l'égliſe ou dans un lieu particulier du couvent.

A l'occaſion de cette mort on fait courir de nouveau dans le public une épitaphe latine que fit pour M. de Voltaire l'abbé Coyer, il y a ſept ou huit ans, lorſqu'il fut queſtion de ſe cotiſer pour lui ériger une ſtatue.

On répand auſſi en François, *Diatribe contre l'apothéoſe de monſieur de Voltaire*, en date du 28 mai. C'eſt un diſcours qu'on lui adreſſe, comme il giſſoit dans ſon lit de mort. Ce ſont des idées communes de la chaire, rhabillées en aſſez beaux vers.

6 Juin 1778. Suivant les dernieres nouvelles de l'Inde, ou plutôt de l'Iſle-de-France, monſieur Serré, chargé de la direction du jardin du roi nommé *Mon plaiſir*, apprenoit que les arbuſtes d'épiceries continuoient à bien aller, que les giroflliers, qu'il avoit imaginé de multiplier par boutures, avoient très-bien réuſſi ; mais qu'ils proſpéroient encore mieux à l'Iſle-de-Bourbon, où ils n'avoient pas été contrariés. Il ajoutoit que les muſcadiers commençoient à avoir des embryons, dont il adreſſoit des eſſais au miniſtre ſeul. Mais M. de Sartines eſt toujours fort circonſpect ſur ce genre de nouvelles, pour ne pas déplaire aux états-généraux.

6 Juin. M. Marmontel a lu, il y a quelque temps, chez le ſieur de Beaumarchais, à l'aſſemblée du bureau de législation dramatique, deux chants d'un *Poëme sur la Musique* : il doit en avoir six, à ce qu'il a annoncé. Il est principalement dirigé contre le chevalier Gluck, contre l'abbé Arnaud & Suard, ses prôneurs : on conçoit de-là qu'il est satirique. On a été assez content de ce que l'auteur en a débité. Cela n'approche pas pourtant de sa fameuse *Neuvaine* : c'est un poëme en neuf chants de six cents vers chacun, qui roule uniquement sur les plaisirs physiques de l'amour, & sur l'art de les varier neuf fois.

7 *Juin* 1778. Une fille connue depuis long-temps sur le pavé de Paris pour une ambulante cherchant fortune, douée d'ailleurs d'une assez belle figure, d'une taille haute, d'une vaste corpulence, d'un organe proportionné à cet extérieur, a plu au sieur Monvel, & il s'est imaginé, à l'aide de ces moyens, d'en faire une actrice propre à la scene Françoise. Telle est la demoiselle *Mars*, qui, pour un moment, y a produit le concours occasioné jadis par mademoiselle Raucoux. Mais celle dont il s'agit, quoique n'ayant paru sur aucun théatre, a si fort roulé son corps, qu'elle n'a pu exciter long-temps un semblable engouement. Outre qu'elle n'est plus jeune, qu'elle a un mauvais accent provincial, qu'elle ne sait pas ménager sa voix, qu'elle n'a nul à-plomb, qu'elle ne peut ni diriger sa marche, ni mesurer ses mouvements, c'est qu'elle n'a point les moyens de l'ame capables de dédommager du reste. Après avoir excité de grands applaudissements dans *Mérope*, elle a foibli considérablement dans *Phedre*, & aujourd'hui il n'en est plus question.

8 *Juin* 1778. Un chanoine régulier de la Sainte-Trinité, vulgairement dit *Mathurins*, nommé de la Rue, enhardi par quelques essais dans la littérature, & d'un caractere naturellement inquiet & factieux, a voulu se faire un nom en perdant son général, en détruisant son ordre & en se sécularisant. Gâté par la lecture des mémoires du sieur de Beaumarchais, il s'est imaginé qu'avec de semblables libelles il réussiroit. En conséquence il en a répandu plusieurs contre M. Pichault : c'est le nom du général. Ils ont en effet été très-accueillis, parce que tout ce qui tend à décrier les moines est toujours bien reçu : enfin le parlement vient de venger ce chef, en ordonnant au frere de la Rue de rentrer sous son obéissance, & de se conformer aux destinations qu'il en voudra faire. Les libelles diffamatoires sont supprimés, & la cour, pour les peines qu'auroit encouru en justice ce calomniateur, qui a même employé le faux, paroît s'en être remise à la correction paternelle du supérieur du religieux turbulent.

8 *Juin*. On cite un très-beau vers bien propre à caractériser M. Franklin, & à servir d'inscription à son portrait :

Eripuit cœlo fulmen, sceptrumque tyrannis.

9 *Juin* 1779. La premiere représentation *Delle finte Gemelle*, ou des *Jumelles supposées*, opéra bouffon Italien, en deux actes, musique de monsieur Piccini, doit enfin avoir lieu jeudi onze. On craignoit un nouveau retard par celui d'un acteur que l'on attend ; mais le rôle d'officier qu'il devoit remplir sera exécuté par

la signora Farnesy, jeune actrice de seize ans, qui s'en est chargée, en comptant sur l'indulgence du public qu'elle réclame.

L'intermède sera suivi du ballet du sieur Noverre, dont le titre est *les petits riens*.

10 *Juin* 1778. Le sieur Saugrain, qui préside à l'illumination de la capitale depuis la retraite du sieur Châteaublanc, le véritable auteur de toutes les améliorations faites en ce genre, est allé faire au Havre l'expérience d'un fanal en reverbere, plus considérable encore que celui placé sur la tour des Baleines à l'Isle-de-Ré: le dernier doit être monté sur la tour de Chassiron en l'Isle-d'Oléron.

11 *Juin* 1778. La comédie Italienne s'occupe sérieusement de la nouveauté intitulée : *les oreilles de Midas*. Madame Trial n'y pouvant jouer par une indisposition, sera remplacée par madame Dugazon.

11 *Juin*. Le gouvernement ayant fait défendre à tous les journalistes, & autres écrivains en France, de faire mention en rien de M. de Voltaire, le dernier acte de sa vie & les suites qu'il a eues, sont toujours dans l'obscurité. Il passe pour constant aujourd'hui, que son cadavre déposé à Scellieres, y a été enterré provisoirement par les moines, & voici comment.

Après avoir ouvert ce cadavre, on l'a assemblé, on l'a affublé d'une perruque & d'une robe de chambre : l'abbé Mignot s'est rendu le premier au couvent, a prévenu ses religieux que son oncle, quoique moribond, par une fantaisie de malade, avoit désiré venir chez lui ; qu'il n'avoit pu lui refuser cette consolation, & qu'il alloit toujours lui préparer un appartement ; mais qu'il craignoit bien que ce ne fût en vain. En effet, peu après eft arrivé le carroffe, & le conducteur a déclaré que fon maître étoit mort en route, même depuis quelque temps, qu'il commençoit à puer : & fur cette déclaration, confirmée vraifemblablement par les médecins & chirurgiens de la maifon gagnés, on a dès le lendemain procédé à l'inhumation.

Depuis eft furvenu de la part de l'évêque de Troyes, dans le diocefe duquel eft l'abbaye, défenfe d'enterrer cet impie ; mais la chofe étoit faite, & l'on préfume avec affez de raifon que ce prélat, moins zélé que les autres, fe fera conduit ainfi pour ne fe brouiller avec perfonne.

12 *Juin* 1778. L'académie Françoife s'eft adreffée aux cordeliers pour y faire faire un fervice pour le repos de l'ame de monfieur de Voltaire ; mais ces moines, peu fcrupuleux, ont déclaré qu'ils en avoient reçu des défenfes. La compagnie a député vers monfieur le comte de Maurepas, qui a répondu ne pouvoir rien faire à cet égard dans ce moment-ci, & a exhorté meffieurs à prendre patience.

En conféquence l'académie a arrêté qu'il ne feroit fait de fervice pour aucun académicien que celui de M. de Voltaire n'eût été exécuté.

12 *Juin*. On commence à s'impatienter du filence de Me. Linguet ; depuis fon n°. 24, dernier de fa première année, rien ne paroît. Ses partifans même ne favent trop où il réfide. On affure qu'on a délibéré à Geneve fi l'on y recevroit ce fugitif turbulent, & il a été arrêté

que non : ils craignent que cette exclusion n'ait été un exemple pour les divers cantons de la Suisse, & même pour Neuchâtel. On le croit occupé encore à chercher un lieu où il puisse prendre pied, lui & son journal, que les puissances regardent avec assez de raison comme un libelle périodique. Peut-être sera-t-il obligé de retourner en Angleterre, d'où cependant on juge qu'il a reçu l'insinuation de sortir.

12 *Juin* 1778. Les *Finte - Gemelle* n'ont eu aucun succès comme poëme : point d'opéra bouffon plus triste ; nulle gaieté, pas le mot pour rire, point de situation piquante. La musique contient des ariettes charmantes, mais qui perdent beaucoup par l'ennui du récitatif d'une longueur énorme. Il faut voir ce que ce genre-là deviendra après quelques représentations.

Quant au Ballet Pantomime des *petits riens*, il a été très-applaudi : il a fait sortir les spectateurs de l'engourdissement où les avoit jetés le froid des bouffons.

12 *Juin*. Le testament de M. de Voltaire à son ouverture a étonné tout le monde. On comptoit y trouver des dispositions qui feroient honneur à son esprit & à son cœur. Rien de tout cela, il est très-plat, & sent l'homme dur qui ne songe à personne & n'est capable d'aucune reconnoissance. Ce qui augmente l'indignation, c'est qu'il a deux ans de date & a été fait conséquemment avec toute la maturité de jugement possible. Voici les principaux articles :

A M. *Vagnieres*, son secrétaire, son bras droit, dont il ne pouvoit se passer, qu'il appelloit son ami, son *fidus Achates*, 8,000 liv.

une fois payées : rien à sa femme & à ses enfants.

A son domestique, nommé *la Vigne*, qui le servoit depuis trente-trois ans, une année de gages seulement.

A la *Barbaras*, sa gouvernante de confiance, 800 liv. payées une fois seulement.

Aux pauvres de Ferney, trois cents liv. une fois payées.

Six livres Anglois à un M. *Durieu*; du reste rien à qui que ce soit.

A madame Denis 80,000 livres de rentes & 400,000 livres d'argent comptant, en ce qu'il la fait sa légataire univerfelle : 100,000 livres feulement à l'abbé Mignot, fon autre neveu, & autant à M. d'Ornoy.

13 *Juin* 1778. A en croire l'avertiffement mis à la tête *delle Finte Gemelle*, cet opéra bouffon offre des fituations plus piquantes & plus comiques que ne le font ordinairement les ouvrages Italiens de ce genre, & en outre l'on s'est attaché particuliérement au choix en l'élaguant. Le plan & le dialogue font faciles. Les incidens ne font point forcés. Les caracteres contraftent entr'eux, & ne dégénerent point dans un burlefque trop bas. Quant à la mufique, tout y eft d'une vérité, d'un coloris & d'une fraîcheur dignes des connoiffeurs. Cette derniere affertion peut être jufte à quelques égards : mais pour ce qui précede, malgré le nom impofant de l'auteur, puifqu'on attribue le poëme au fieur Goldoni, on s'accorde généralement fur le froid & l'ennui du poëme; on ne varie que du plus au moins.

(14)

14 *Juin* 1778. La demoiselle d'Eon, trop violemment outragée par les lettres du sieur de Beaumarchais, pour ne pas chercher à donner à ses accusations toute l'authenticité & la légitimité possibles, fait imprimer un recueil du comte de Vergennes. Son adversaire, peu curieux d'honneur, est à Marseille actuellement, occupé à faire des expéditions pour l'Amérique Angloise ; car, quoique les Insurgents lui aient retiré leur confiance, il travaille pour son propre compte, ou pour celui des dupes qui veulent bien s'associer à lui.

14 *Juin*. Le ballet des *petits riens* est composé de trois scènes épisodiques. La premiere est purement anacréontique ; c'est l'amour pris au filet & mis en cage ; la composition en est très-agréable ; elle est parfaitement exécutée par la demoiselle Guimard, le jeune Vestris & un petit enfant plein de graces. Dans la seconde, qui est le jeu de colin-maillard, c'est le sieur Dauberval, dont le talent pour la pantomime gaie est si connu, qui le pousse au point de vérité le plus agréable & le plus folâtre. Une espiéglerie de l'amour forme l'objet de la derniere scece. A deux bergeres il en présente une autre déguisée en berger ; elles en deviennent amoureuses & jalouses ; & quand elles ont été bien dupes, leur compagne les désabuse. La demoiselle Asselin fait le rôle de l'homme supposé, & les demoiselles Guimard & Allard, quoique peu faites pour figurer ensemble, ceux de femmes. Dans cette scene, la plus piquante, la premiere danseuse a principalement brillé, au point qu'à l'instant du dénouement on a crié *bis*. On est étonné de la multitude de figures variées

par lesquelles se prolonge la contredanse qui termine ce ballet charmant.

13 Juin 1778. Il paroît que le clergé ne s'est porté à son éclat fâcheux contre le cadavre de M. de Voltaire, que poussé à bout lui-même & ne pouvant pallier, comme il auroit désiré, la persévérance de ce damné mourant dans son incrédulité; les prêtres n'ignorent pas que dans ces cas-là il faut mettre un peu d'astuce, afin de faire valoir le pouvoir de la religion, qui triomphe tôt ou tard des mécréants les plus intrépides. Le curé de saint Sulpice ne demandoit que l'instant d'un acte d'effroi, de complaisance ou même de dérision, tel que celui où s'étoit si heureusement trouvé l'abbé Gauthier, pour administrer en conséquence quelque secours spirituel au moribond, & s'en prévaloir. Malheureusement ce coryphée de l'impiété s'est toujours trouvé entouré de philosophes, qui, sous prétexte de lui rendre des soins, de lui donner des consolations, le soutenoient par leur présence, & ranimoient les restes de son amour-propre. Enfin, le pasteur, dont la charité étoit infatigable, peu avant la mort de M. de Voltaire s'est encore approché de son lit, & lui a demandé s'il croyoit à la divinité de *Jesus-Christ* ? L'agonisant a hésité une minute, puis a répondu : « monsieur le curé, laissez-moi mourir en paix : » il s'est retourné & est mort en effet, en réparant aux yeux de ses disciples la pusillanimité qu'il avoit montrée, lors de son premier accident. Le curé confus n'a pu employer la politique dont il comptoit se servir, & a été forcé de rendre en quelque sorte hommage lui même à la fermeté de l'apôtre de l'incrédulité, en se comportant comme on a vu.

Le gouvernement, dont la foiblesse se manifeste en tout, a fait défendre aux comédiens de jouer aucune piece de M. de Voltaire jusqu'à nouvel ordre. Il a craint quelque fermentation dans le public ainsi rassemblé. Quel contraste avec le couronnement du moderne Sophocle, il y a trois mois !

15 *Juin* 1778. Voici l'épitaphe latine de M. de Voltaire, qu'on renouvelle plus justement dans cette circonstance :

> *En tibi dignum lapide Voltarium*
> *Qui*
> *In Poësi magnus,*
> *In Historia parvus,*
> *In Philosophia minimus,*
> *In Religione nullus ;*
> *Cujus*
> *Ingenium acre,*
> *Judicium præceps,*
> *Improbitas summa ;*
> *Cui*
> *Arrisere muliercula,*
> *Plausere scioli,*
> *Favere prophani,*
> *Quem*
> *Irrisorem hominum, Deumque*
> *Senatus, Populusque Atheo-physicus,*
> *Aere collecto*
> *Statua donavit.*

15 *Juin.* Malgré l'importance que le sieur Palissot met à son *Triomphe de Sophocle*, pré-

tendue comédie, rien de plus médiocre & même de plus plat. Cet écrivain, qui excelle dans la méchanceté, n'a pas le même talent pour louer.

Il prévient dans un avis préliminaire, que cette piece avoit été envoyée le 24 mars à mademoiselle Vestris ; qu'il avoit gardé l'anonyme, à raison du peu d'accueil qu'il attendoit personnellement des comédiens ; que son but étoit de la faire exécuter le jour où M. de Voltaire paroîtroit au spectacle ; ce qui eut lieu six jours après, c'est-à-dire, le 30 mars : il reproche aux acteurs de n'avoir pas eu en cette occasion l'enthousiasme du génie, dont auroient été animés la demoiselle Clairon & le sieur le Kain, & d'avoir voulu renvoyer cette nouveauté à la reprise d'*Irene* ; ce qui ôtoit à l'auteur le principal caractere dont il se fait gloire, celui de prophete, parce qu'il prévoit tout ce qui s'est passé à cette fameuse journée, & à sa piece son mérite unique, celui de la surprise. C'est ce qui l'a déterminé à renoncer à se voir jouer, & à se faire imprimer.

Dans un épître dédicatoire à M. de Voltaire, en date du 24 avril, le sieur Palissot prépare la palinodie qu'il a chantée depuis dans le Journal du sieur de la Harpe, du 5 juin. Quant à son drame, composé de quatre scenes, c'est le trait de Sophocle contre ses enfants mis en action, que tout le monde connoît, avec quelques détails relatifs au héros du jour.

16 *Juin* 1778. Les bouffons ont eu l'honneur de jouer samedi devant leurs majestés : le roi s'y est tellement déplu, qu'il n'a pu y tenir, & après avoir prodigieusement bâillé, est

sorti à la fin du premier acte, en déclarant qu'il ne s'étoit si fort ennuyé de sa vie. La reine a fait meilleure contenance, & quoiqu'on la vît bâiller presque malgré elle, S. M. assuroit que la musique étoit charmante, & la dédommageoit de tout. Cela n'a pas empêché qu'on n'ait fait contre ces malheureux histrions, l'épigramme suivante, qui porte cependant en grande partie sur le nouvel entrepreneur :

> Avec son opéra bouffon,
> L'ami de Vismes nous morfond ;
> Si c'est ainsi qu'il se propose
> D'amuser les Parisiens,
> Mieux vaudroit rester porte close,
> Que de donner si peu de chose
> Accompagné de *Petits Riens*.

Ceci est relatif au ballet & à son titre.

16 *Juin* 1778. M. le marquis de Villette, qui se flattoit de garder le cœur de M. de Voltaire, & se proposoit de le placer dans sa terre, où il lui auroit élevé un superbe mausolée, a été obligé de le rendre à la famille, qui l'a réclamé. Il paroît même qu'il en a résulté des tracasseries entr'eux, car madame Denis, ne pouvant encore occuper sa maison, rue de Richelieu, est cependant sortie de la rue de Beaune & est dans une maison d'ami.

17 *Juin* 1778. La seconde représentation des bouffons, qui devoit avoir lieu aujourd'hui, est remise à samedi, par l'arrivée de la basse-taille qui doit jouer le rôle de *Marescial*, qu'avoit rempli la premiere fois la Signora Farnesy. Le sieur de Vismes se flatte que ce changement, &

d'autres plus essentiels, produiront un excellent effet.

18 *Juin* 1778. Les journaux & autres ouvrages périodiques sont dans une grande crise par la catastrophe du *Mercure*, qui est suspendu depuis la déroute du sieur la Combe qui en avoit l'entreprise. Cette suspension donne lieu à des projets de suppression totale de celui-ci & de plusieurs autres, pour en faire un qui s'enrichiroit de tant de dépouilles.

Celui de monsieur Palissot & Clément vient de mourir d'inanition. Ces fameux critiques, dont le nom promettoit d'alimenter merveilleusement la malignité des lecteurs, n'ont pas répondu à cette attente, & l'on a été obligé, faute de souscriptions suffisantes, de s'arrêter au tiers du renouvellement de l'année.

Enfin Me. Linguet, qui trouve aussi des obstacles, éveille l'espoir de ses concurents.

19 *Juin* 1778. Quoique l'auteur du *Courier de l'Europe* cherche à déguiser son évasion d'*Angleterre*, pour ne pas décréditer sa feuille auprès de ses lecteurs, son correspondant ne dissimule pas qu'il réside aujourd'hui en France, & il le place à Calais : cependant, par le rendez-vous des lettres, qui est assigné à Boulogne-sur-Mer, on seroit tenté de croire que c'est le lieu de sa résidence. Au reste, on s'apperçoit aisément de son embarras, par le retard de ses nouvelles & la confusion qui y regne. Cette persécution misérable des Anglois est une preuve combien leur gouvernement est dégénéré de sa grandeur ! combien les vues en sont aujourd'hui petites, mesquines & inconséquentes ! Les feuilles de Londres ne passent même

ici que difficilement & avec beaucoup de détours.

19 Juin 1778. L'évêque de Rodez, grand intriguant de son métier, a si bien manœuvré, qu'il a gagné en plein le procès qu'il avoit contre son chapitre, & qu'il aura désormais la liberté d'y exercer son despotisme avec toute la tyrannie qu'il voudra. Il a obtenu de gros dommages & intérêts : en outre, les mémoires répandus contre lui par ses adversaires sont supprimés comme libelles diffamatoires ; l'abbé de Portelance, député du chapitre, est exilé dans un petit lieu du Rouergue par lettre de cachet.

19 Juin. Rien de plus plaisant que l'importance que mettent ici à leurs petits projets nos faiseurs de spéculations. Un sieur de la Blancherie a imaginé une correspondance générale sur les sciences, la littérature, les arts & la vie des gens de lettres & des artistes de tous les pays, & il se propose d'en publier tous les détails par quinzaine, sous le titre de *Nouvelles de la république des Lettres & des Arts*. Il tient aussi des assemblées hebdomadaires, indiquées sous le nom de *rendez-vous de la république des lettres*.

Or, qu'est-ce que cet agent-général des savants, des gens de lettres, des artistes & des étrangers distingués ? Un jeune audacieux qui n'est connu par aucun talent. Où tient-il ses assemblées ? Dans un galetas du college de Bayeux, où il n'y a pas même de chaise, & où il faut rester debout depuis trois heures jusqu'à dix du soir que durent ses séances. Enfin, qu'y fait-on ? On y cause comme dans un café, d'une fanon plus incommode feulement. Qu'y voit-on ? Des chofes qu'on trouveroit chez les artiftes & qui y feroient encore mieux, parce que fe feroit chaque jour & à toute heure. Où font fes correfpondances ? Dans un gros livre, dans lequel il a écrit les adreffes de quelques favants ou artiftes étrangers qu'il a apprifes. —— Quant à fon journal, on reçoit bien l'argent pour les foufcriptions, mais rien ne paroît.

Malgré l'approbation que l'académie des fciences, on ne fait pourquoi, a jugé à propos de donner à ce projet le 20 mai, fur le rapport de meffieurs Franklin, le Roi, le marquis de Condorcet & Lalande, on peut affurer par expérience que c'eft jufques à préfent l'idée la plus folle, la cotterie la plus plate & la correfpondance la plus vuide.

19 *Juin* 1778. Comme on fe difpofe à donner demain la feconde repréfentation des bouffons, voici pour l'intelligence l'expofition des *Finte-Gemelle*.

Deux feigneurs Languedociens arrivent de Touloufe à Paris, & defcendent dans un auberge, dont la maîtreffe fe nomme *olivetta Ifabelle*; fa voifine, inftruite de la venue de ces deux étrangers, fe propofe de s'amufer à leurs dépens. Elle déploie fon caractere vif & enjoué, & fous un double rôle les captive tous deux. Chacun fe glorifie de fa conquête; l'un croit avoir touché le cœur d'une veuve charmante; l'autre celui d'une demoifelle auffi belle qu'ingénue. Ce qui donne lieu à toutes les folies des amoureux en pareil cas. Enfin, la fupercherie eft découverte, & après quelques reproches, des menaces, des brouilleries & même des injures, arrive le raccommodement, d'où résulte un double mariage.

Du reste, les paroles rendues littéralement ont paru si peu propres à réussir, qu'aucun traducteur n'a osé s'en charger, & qu'on n'a mis en François que l'argument de chaque scene, très en bref.

20 *Juin* 1778. Les personnages des *Jumelles supposées*: sont *Belfiore*, l'un des deux gentilshommes Languedociens, d'un caractere doux & facile, affichant son esprit & son amour pour les sciences: le rôle est rempli par le signor *Caribaldi*, tant vanté, mais dont la voix annonce un chanteur usé.

Isabella, la jeune dame riche, aimant l'intrigue & habituée à prendre différents caracteres, tantôt celui de madame *Accosta*, veuve éplorée, tantôt celui de *Preciosina*, fille sans expérience & ingénue. La signora *Chiavacci* jouoit ce double personnage, & est bien loin du talent dans le jeu & dans l'organe qu'il exigeroit.

Marescial, ami de *Belfiore*, est l'autre gentilhomme Languedocien, parlant beaucoup de guerres & de combats. Il faudroit un *Stentor* dans ce rôle, & l'on juge qu'une femme ne sauroit le rendre. Aussi la signora *Farnesa* y a échoué.

Enfin, la signora *Rosina Byglioni* représente l'hôtesse *Olivetta*, espece d'entremetteuse qui n'est que très-subalterne dans la piece.

20 *Juin* 1778. L'embargo mis sur les pieces de théatre de M. de Voltaire a été levé enfin, & l'on a donné aujourd'hui *Nanine* pour débu-

ter. Les comédiens se proposent de jouer successivement toutes ses pieces, où ils esperent qu'indépendamment de leur mérite, la circonstance de sa mort & leur interdiction à cette époque, attireront encore plus de monde.

21 *Juin* 1778. La fureur a encore été vive samedi pour voir les bouffons ; & malgré les protestations qu'avoient faites beaucoup d'amateurs de ne pas y retourner, la curiosité leur a fait braver l'ennui qu'ils prévoyoient, & qui n'a pas manqué de les saisir ; car malgré de grands retranchements faits au récitatif, & la suppression des scenes entieres, on soupiroit toujours après l'ariette, qui venoit trop tard & finissoit trop tôt.

Le signor *Fochetti*, qui a rempli le rôle de *Marescial*, & dont la basse-taille devoit produire un grand effet, a été très-mal accueili. On a préféré le dessus de la signora Farnesa & même son jeu, quoique l'un & l'autre fussent très-médiocres.

Les demoiselles *Granier* & *Gobler* ont débuté dans un ballet entre les deux actes : la premiere dans le genre agréable, la seconde dans le genre noble. Elles ne sont pas non plus assez merveilleuses pour que la diversion ait pu faire supporter le dégoût général des spectateurs fatigués des tristes bouffons.

Il y a à parier que la troisieme représentation ne sera pas aussi suivie.

22 *Juin* 1778. M. Rousseau de Geneve, plus ami de la retraite que jamais, vient de quitter le séjour de Paris & de se retirer à la campagne, environ à dix lieues d'ici, chez un ami qui lui a offert sa terre. Comme cette nouvelle

s'est répandu depuis la mort de Voltaire, on a fait courir le bruit que le sort de ce célebre incrédule l'effrayoit, & qu'il vouloit se soustraire à une persécution semblable : mais il est constaté que son évasion est antérieure.

On a voulu encore qu'elle fut la suite d'autres craintes qu'il avoit à l'ocasion des *Mémoires de sa vie*, paroissant imprimés dans le public : mais ces mémoires, s'ils existent, sont fort rares ; personne digne de foi n'atteste les avoir lus ou même vus, & il faut savoir ce qu'ils contiennent pour raisonner pertinemment sur cet article.

21 Juin 1778. Le sieur Panckoucke montre un brevet, par lequel il est nommé pour succéder au sieur la Combe dans l'entreprise du *Mercure*. Mais il se propose d'améliorer cet ouvrage d'un ennui périodique ; il veut y joindre son journal politique & littéraire, & le faire paroître trois fois par mois. Les coopérateurs seront pris entre les académiciens principalement. Cependant le sieur la Combe attribue sa banqueroute d'un demi-million aux ouvrages de plusieurs académiciens, & entr'autres au poëme *des Incas* de monsieur Marmontel.

22 Juin. Les concurrents commencent à se mettre sur les rangs pour succéder à M. de Voltaire ; si le successeur est nommé au temps prescrit par l'arrangement, ce sera l'abbé de Radonvilliers qui lui répondra.

22 Juin. Le nouveau spectacle des Boulevards doit s'ouvrir dans le mois prochain, la salle s'avance & produit un coup d'œil très-agréable. On parle de le qualifier du nom de *Conservatoire*, parce que ce sera une espece d'école d'école pour former des sujets au théatre lyrique. Outre le sieur Texier, à la téte de l'entreprise, il y a un nommé *Abraham*, danseur de l'opéra, qui lui est associé pour sa partie.

23 *Juin* 1778. Entre les différentes épitaphes faites pour M. de Voltaire, il faut encore distinguer celle-ci, soit à cause de sa concision, de sa justesse & de son impartialité, soit à cause de l'illustre auteur auquel on l'attribue, monsieur Rousseau de Geneve :

> Plus bel esprit que grand génie,
>
> Sans loi, sans mœurs & sans vertu,
>
> Il est mort comme il a vécu,
>
> Couvert de gloire & d'infamie.

24 *Juin* 1778. Les pieces de monsieur de Voltaire, données samedi & lundi, n'ont pas produit la sensation qu'en espéroient les comédiens & ses partisans. *Nanine* a même eu peu de monde : quant à *Tancrede*, on a applaudi quelques endroits où l'on a cru trouver des alusions, mais sans tumulte, & sans cet enthousiasme excessif qu'on attendoit.

25 *Juin* 1778 L'autorité du sieur de Vismes sur les sujets du théatre lyrique, bien loin de se consolider, reçoit chaque jour de nouvelles atteintes. Il a fréquemment des prises avec les chanteurs, danseurs, avec l'orchestre, & sur tout avec les demoiselles, qui lui parlent avec beaucoup d'irrévérence ; & il est difficile qu'il puisse résister long-temps à cette ligue générale.

25 *Juin* 1778. On confirme l'existence des mémoires de la vie de Jean-Jacques Rousseau ;

on prétend qu'il y révele ingénument beaucoup de choses peu honnêtes, & même des crimes dont il est coupable, comme vols, &c. On ajoute que M. le Noir l'a envoyé chercher, lui a demandé s'il avouoit ce livre & les faits qui y étoient contenus ; & qu'à tout il a répondu, sans aucune tergiversation & cathégoriquement, *oui* ; que là-dessus le lieutenant de police lui a conseillé de quitter Paris, & de se soustraire aux recherches qu'on pourroit faire : que telle est la cause de son évasion. Tout cela est si singulier & si absurde, qu'on ne le rapporte qu'à cause du personnage fort cynique, & des auteurs de ce récit qui, par leurs liaisons avec le ministre, semblent mériter quelque créance.

26 *Juin* 1778. La société libre d'émulation doit tenir aujourd'hui une assemblée générale & publique ; elle aura lieu dans une salle de l'hôtel de Soubise : elle est toujours sans une certaine consistance, & même errante ; elle n'a aucun lieu fixe pour se réunir, & varie souvent de domicile.

26 *Juin*. On parle encore d'une troupe foraine qui, outre celle du sieur Texier, va s'établir sur les boulevards.

27 *Juin* 1778. Le signor Tozoni a joué, pour varier, avant-hier le rôle de *Marescial*, dans les *Fintes Gemelles*, & n'a guere mieux réussi que le signor *Focetti*. Il n'a pas l'étendue de voix qu'exige ce personnage ; ce que ses partisans attribuent à sa timidité.

27 *Juin*. On parle beaucoup de deux lettres manuscrites à joindre à celles de M. de Voltaire au curé de St. Sulpice, & du curé de St. Sulpice à M. de Voltaire. Elles roulent à peu

près sur la même matiere. C'est la lettre de M. l'évêque de Troyes au prieur de Scellieres, & la riposte du prieur au prélat. Le premier, après avoir conféré à l'archevêché avec M. de Beaumont, s'étoit adressé à ce moine pour lui intimer ses défenses, motivées sur l'impénitence & l'incrédulité finale du philosophe impie. On assure que la replique du bénédictin est excellente, qu'il rend compte de toute sa conduite, & sur-tout de l'écrit qu'avoit produit l'abbé Mignot, espece de profession de foi de M. de Voltaire, qu'il fit lors de son crachement de sang : il ajoute que son supérieur se trouvant sur les lieux, il n'avoit pu que déférer à son autorité ; il finit par avouer humblement son ignorance sur ces matieres. On veut que cette épître ait été dictée par l'abbé Mignot, qui en fait part volontiers à ses amis intimes, mais n'ose trop la communiquer encore à cause du clergé.

28 *Juin* 1778. Les comédiens François, qui depuis long-temps nous font soupirer après quelque nouveauté, préparent enfin la tragédie des *Barmécides* de M. de la Harpe.

28 *Juin*. La société libre d'émulation a tenu vendredi sa séance publique.

M. de Saint-Sauveur, président, l'a ouverte par un très-petit & très-mince discours, dont le résultat étoit de demander l'assistance du public, c'est à dire, l'augmentation des souscripteurs, la meilleure maniere dont il puisse témoigner son approbation à la société.

M. l'abbé Baudeau, le secretaire, a fait un discours en regle contenant trois divisions. Dans la premiere, il a rendu compte des travaux de la compagnie pour étendre & consolider son existence, en perfectionnant son organisation.

Dans la seconde, il a détaillé les sujets des prix proposés, & n'a pas dissimulé le peu de succès qu'ils avoient eu; il a prétendu qu'il falloit se roidir, & vaincre l'ingratitude & la difficulté des matieres.

Dans la troisieme, il s'est étendu avec plaisir sur plusieurs inventions, sinon parfaites, au moins décelant du talent & du génie, qui ont reçu l'encouragement & des récompenses de la société.

Ce discours a été souvent applaudi. En général, la premiere partie, où l'auteur a voulu mettre de l'éloquence, a paru la moins bonne par un étalage de mots & de phrases, auquel répugnoit son genre. Il a beaucoup mieux réussi dans les deux autres par sa dialectique, par son esprit d'analyse & de combinaison, par un développement clair, sans trop le hérisser de termes techniques des objets relatifs aux arts ou aux métiers qu'il s'agissoit de mettre à la portée de tous les auditeurs.

Ensuite les docteurs du Chanoy & Sallins, ont cherché à faire connoître successivement aux spectateurs différents mémoires & machines nouvelles, dont les modeles étoient sur la table. L'abbé Rosier a publié à la fin les programmes des nouveaux prix, au nombre de dix, montant à la somme de 9,600 livres.

Le docteur Franklin étoit présent à cette assemblée, & sans doute il sera agrégé à la société.

29 Juin 1778. Voici le titre du nouveau

Mercure de France, dédié au Roi par une société de gens de lettres, contenant le Journal Politique des principaux événements de toutes les Cours ; les *Pieces fugitives* nouvelles en prose & en vers ; l'*Annonce* & l'*Analyse* des ouvrages nouveaux ; les *Inventions* & *Découvertes* dans les *Sciences* & les *Arts* ; les *Spectacles* ; les *Causes célebres* ; les *Académies de Paris* & des *Provinces* ; la *Notice des Edits*, *Arrêts* ; les *Avis* particuliers, &c.

M. de Fontanelle est toujours chargé de la partie politique ; M. d'Aubenton, des articles d'histoire naturelle ; messieurs Macquer & Bucquet, de ceux de médecine & de chymie ; l'abbé Remy & M. Guyot, des morceaux de jurisprudence ; M. Suard, de tout ce qui concerne la philosophie, les sciences & les arts ; M. de la Harpe, enfin, de tout ce qui est du ressort de la littérature & des spectacles. M. Imbert fournira des contes ; messieurs Dorat & Berquin des idylles, des romances & des pieces fugitives ; & MM. d'Alembert, Marmontel & Condorcet, couronneront le tout par de la morale & de la métaphysique.

Il paroîtra en effet un volume de 120 pages de dix jours en dix jours.

29 *Juin* 1778. On vient de faire au Louvre une nouvelle édition des *Maximes de M. le duc de la Rochefoucauld*. Elle est d'une correction, d'une propreté, d'une élégance qui fait honneur au goût de celui qui en a rédigé l'exécution typographique. On croit que c'est M. Suard, qui a fait précéder le tout d'une notice de sa composition, sur le caractere & les écrits de l'illustre auteur. On n'en a tiré qu'un petit nom-

bre d'exemplaires pour les philosophes amis, & il ne s'en vend aucun.

29 Juin 1778. Extrait d'une lettre de Bordeaux, du 23 juin 1778.... Hier sont arrivés les portraits du duc & de la duchesse de Chartres, présents qu'ils font à la ville. Les jurats sont allés les recevoir en cérémonie, & les ont fait placer à l'hôtel-de-ville : on a tiré le canon à cette occasion.

29 Juin. Le *Jugement de Midas*, comédie en trois actes, mêlée de chants, a été jouée avant-hier pour la premiere fois aux Italiens, avec le succès complet qu'on avoit prévu chez madame de Montesson.

29 Juin. Les bénédictins du couvent de *Sainte-Croix de la Bretonnerie* sont supprimés, à peu près à l'instar des célestins.

30 Juin. C'est aujourd'hui que l'académie des belles-lettres doit procéder à l'élection d'un nouveau membre pour la place vacante par la mort de l'abbé Foucher. On compte que l'abbé Guenée, ce redoutable adversaire de M. de Voltaire dans sa querelle contre les juifs, sera nommé. Il a déja eu les secondes voix à la derniere élection, où M. Larcher a passé ; ce qui est presque une certitude de sa nomination.

30 Juin. Madame Diane de Polignac, dame d'honneur de madame Elisabeth, est une jeune personne qui n'est point mariée, & sort de quelque couvent de chanoinesses. On a trouvé assez singulier qu'on mît cette princesse, à peine échappée de l'enfance, sous la tutelle d'une autre enfant, au lieu de la laisser à la garde de ses augustes tantes. Quoi qu'il en soit, tout le reste de la nouvelle maison de madame Elifabeth étant à l'avenant, on lui infpire des goûts analogues. C'eft ainfi qu'ayant commencé à monter à cheval durant le voyage de Marly, elle a pris une paffion pour cet exercice, & ne veut plus faire autre chofe.

1 *Juillet* 1778. On commence à voir au pied de l'efcalier du cabinet d'hiftoire naturelle de S. M. la ftatue du comte de Buffon, qui eft fort mal fituée en cet emplacement, & n'eft pas dans le point d'optique qu'il faudroit à ce monument coloffal. M. de Buffon eft debout, dans l'attitude d'un homme qui compofe. Le génie enflamme fa figure pleine de nobleffe ; il tient d'une main un poinçon & de l'autre un rouleau, fuivant le coftume antique : on lit au bas ces quatre mauvais vers fous le titre d'*inauguration* :

Le Monarque commande, & le marbre refpire
  Sous les traits de Buffon :
La nature applaudit, & dans tout fon empire
  Fait révérer fon nom.

Mais fi ce quatrain ne fait pas honneur au poëte, l'ouvrage en fait beaucoup au cifeau du ftatuaire, M. Pajon.

2 *Juillet* 1778. Voilà le jour de l'élection du fucceffeur de M. de Voltaire qui approche, & les concurrents commencent à fe placer fur les rangs, & à former leurs brigues. On parle d'un qui excluroit bientôt les autres, fi on lui mettoit férieufement en tête d'y fonger, & s'il defiroit cet honneur littéraire : il s'agit du prince de Condé. On affure que cette compagnie, crai-

gnant que l'orage élevé contr'elle, il y a peu de temps, & qui lui a fait craindre pour sa destruction, ne renaisse, voudroit persuader à son altesse par ses flatteurs, qu'elle est très-digne de remplacer le plus bel esprit du siecle; que son seul discours aux états de Bourgogne, imprimé dans toutes les gazettes, est un chef-d'œuvre d'éloquence, qui doit le faire asseoir au premier rang parmi les orateurs : enfin, ils lui citent l'exemple de son oncle, le comte de Clermont, qui n'en a jamais tant fait certainement.

Mais d'autres gens dissuadent le prince de cette folle vanité, & lui disent qu'il doit se contenter de chercher à briller à la guerre parmi les héros de sa race.

3 *Juillet* 1778. Il paroît que le clergé, malgré son zele amer, n'a pu s'escrimer comme il l'auroit désiré, contre le cadavre de monsieur de Voltaire, contre le prieur qui l'a inhumé à l'église, qui l'a reçu dans son sein. La même foiblesse du gouvernement qui l'a empêché de se prêter aux actes de rigueur qu'auroit pu exercer la famille pour forcer le curé de saint Sulpice, l'empêche d'autoriser les prêtres à exercer leurs vengeances sacrées. Ce qui les pique sur-tout, c'est que ce héros d'impiété les ait persiflés jusqu'au dernier moment. Voici comme il faut restituer l'anecdote. Monsieur le curé de saint Sulpice a demandé à M. de Voltaire s'il croyoit en Dieu ? A quoi il a répondu : « oui,
» très-affirmativement, en ajoutant qu'il en avoit
» toujours fait profession, & que tous ses ou-
» vrages l'attestoient. » Interrogé ensuite s'il croyoit en *Jesus-Christ* ? il a répliqué : « au

» *nom de Dieu, ne m'en parlez pas.* » Tels
sont les termes plaisants, mais sacramentaux,
dont les témoins oculaires déposent qu'il s'est-
servi.

3 *Juillet* 1778. Par les informations qu'on fait
journellement sur le compte de Jean-Jacques
Rousseau, on a tout lieu de croire que ses
mémoires prétendus dont on parle n'existent
encore que manuscrits. Il n'est point hors du
royaume, comme on l'avoit dit ; il est toujours
chez un M. de Girardin, fameux par ses jardins
Anglois, qui lui a prêté un asyle chez lui, où il
botanise, & se livre à son goût pour la campagne
& la retraite.

3 *Juillet*. Monsieur Dorat annonce son projet
d'abandonner le *Journal des Dames*, dont
les souscriptions ont diminué. On croit que
le sieur *Pankouke* va le pensionner pour
attirer à lui cette partie de littérature & les
pieces galantes dont elle étoit spécialement le
dépôt.

4 *Juillet* 1778. Les lettres imprimées de mademoiselle d'Eon ne sont autre chose que celles
qui ont couru manuscrites cet hiver, & qu'on a
lu successivement dans le *Courier du Bas-Rhin* ;
celui *de l'Europe*, absolument vendu au sieur
de Beaumarchais, ayant eu la malhonnêteté de
refuser de publier sa défense, après avoir répandu les lettres insolentes de celui-ci. On ne
trouve pas davantage dans le petit recueil en
question que la fameuse lettre à M. de Vergennes,
de 25 pages in-folio, la piece la plus intéressante à parcourir & à connoître : ce qui a
trompé les lecteurs superficiels & peu instruits
de cette querelle, c'est une lettre en forme

d'envoi à monseigneur le comte de Vergennes pour madame la comtesse, en date du 15 février 1778, par laquelle mademoiselle d'Eon supplie ce ministre de lui présenter l'*Appel aux femmes* de la chevaliere. Cette épître qui n'étoit point dans le manuscrit, en effet est fort courte, ne roule que sur ce point, & ne peut se confondre avec celle du 20 janvier au même.

Quoi qu'il en soit, les honnêtes gens sont fort aises de la publicité de ces diatribes, faites pour démasquer le scélérat qui en est l'objet.

4 *Juillet* 1778. Pour servir tous les goûts, le nouveau directeur du théatre lyrique a imaginé de remettre aussi de notre vieille musique. En conséquence on continue à y exécuter l'acte de *Vertumne & Pomone*, du ballet des *Eléments*, musique de Destouches, & qu'on est à même de comparer à celle de la *Serva Padrona*.

5 *Juillet* 1778. Le sieur Bourgeois de Château-Blanc réclame contre la vanité du sieur Saugrain, qui s'est fait annoncer dans les papiers publics pour l'auteur des fanaux dont on a parlé. Le premier prétend que son éleve ne fait que suivre ses modeles, ses instructions & même se servir de ses ouvriers. Il lui reproche, après l'avoir expulsé en quelque sorte de l'entreprise de la fourniture des lanternes de Paris, & des gains considérables qui en résultent, de vouloir lui ravir aussi sa gloire. On ne peut qu'être touché des plaintes de ce vieillard, dont les talents se développent dans un degré plus éminent encore dans son fanal pour la Russie, objet de curiosité que vont voir les amateurs.

5 *Juillet* 1778. Le fameux Jean-Jacques Rousseau n'a pas survécu de long-temps à Voltaire; il vient de mourir dans le lieu de sa retraite à Ermenonville.

On dit aujourd'hui que les bruits qui ont couru sur lui & ses mémoires, viennent d'un *supplément* à ses œuvres en effet imprimé, & où il y a beaucoup de choses singulieres.

6 *Juillet* 1778. On croyoit que le maréchal duc de richelieu, honteux du rôle infame que lui font jouer ses gens d'affaires en persistant à vouloir faire valoir le testament de la dame de Gaya en sa faveur, au préjudice de son légitime héritier, seroit le premier à provoquer un arrêt qui infirmât cet acte de démence, d'injustice & de vanité puérile: mais il persiste, ce qu'on a lieu de juger par un mémoire de Me. Aved de Loizerolle, contre ce seigneur. Le nouvel orateur ne le plaisante pas aussi singuliérement que Me. Boucher, mais ne l'humilie pas mal, & cherche à le faire rougir de sa basse & sordide cupidité.

6 *Juillet*. Le sieur de Beaumarchais, toujours actif & cupide, après avoir fait son expédition à Marseille pour une spéculation maritime, s'est transporté à Aix, où il s'occupe sérieusement à faire juger son procès contre le comte de la Blache.

6 *Juillet*. Le sieur Pankouke, en vertu du brevet qui lui accorde l'entreprise du *Mercure*, éleve les plus grandes prétentions. Il ne se contente pas d'avoir déja englobé le *journal François*, celui *des dames*, celui *de politique & de littérature*, il voudroit que les autres

devinssent encore au moins tributaires du sien à cause de sa primatie.

7 *Juillet* 1778. C'est le 2 de ce mois que Rousseau, revenant de la promenade à neuf heures du matin, est mort d'une attaque d'apoplexie, qui n'a duré que deux heures & demie. Il avoit dessein depuis quelque temps de quitter Paris ; il a cédé aux instances de l'amitié, & s'est établi sur la fin de mai dernier dans une petite maison qui appartient au marquis de Girardin, seigneur d'Ermenonville, & située près du château.

Ce seigneur lui a rendu les honneurs funebres : son corps, après avoir été embaumé & enfermé dans un cercueil de plomb, fut inhumé le samedi suivant 4 du présent mois, dans l'enceinte du parc d'Ermenonville, dans l'isle dite *des Peupliers*, au milieu de la place d'eau appellée *le petit Lac*, & située au midi du château, sous une tombe décorée & élevée d'environ six pieds. Rousseau étoit né le 28 juin 1712.

7 *Juillet* Le sieur Colalto, acteur de la comédie Italienne dans le rôle de *Pantalon*, où il excelloit depuis environ 20 ans, est mort le dimanche 5 de ce mois. Il étoit en outre auteur de plusieurs canevas : mais la piece des *trois Jumeaux Vénitiens* doit rendre son nom immortel ; c'est sans contredit une des meilleures qu'il y ait au théatre de ce spectacle, & l'on se ressouviendra long-temps de l'art étonnant avec lequel le sieur Colalto y exécutoit & varioit ces différents rôles.

8 *Juillet* 1778. Le temps d'entrer dans les ordres avançant pour M. l'abbé de Bourbon, & sa ma-

jesté persistant à ne pas vouloir le gêner sur sa vocation, ainsi qu'elle le lui a déclaré au commencement de son regne, a voulu s'en assurer. Elle a prié Madame Louise d'y procéder, en examinant les dispositions de ce jeune eccléfiastique. M. l'abbé de Bourbon a témoigné une ardeur sincere pour cet état, & rien ne s'oppose plus à son desir. Il avoit même celui de se faire recevoir docteur de sorbonne ; mais il s'est trouvé un obstacle d'étiquette : c'est qu'en vertu de sa naissance reconnue, il a prétendu devoir faire ses exercices dans le fauteuil & couvert. La sorbonne étoit disposée à lui rendre cet honneur ; mais M. le comte de Maurepas, qui n'aime point cette progéniture du feu roi, a prétendu qu'il n'avoit qu'à se faire recevoir docteur en droit.

M. l'abbé de Bourbon est toujours au séminaire de St. Magloire, où il occupe une maison particuliere : M. de Saint-Fare & de Saint-Albin, les bâtards du duc d'Orléans & de mademoiselle Marquise, aujourd'hui madame de Villemonble, y sont aussi, mais ne fraient point avec le premier ; sa mere s'y oppose.

8 *Juillet* 1778. On donnera demain à l'opéra la premiere représentation *delle due contesse* ou *les deux comtesses*, intermede en deux actes, dont la musique est de Paésiello. Il sera suivi d'un nouveau ballet pantomime du sieur Noverre, intitulé : *Annette & Lubin*.

9 *Juillet* 1778. Il est question sérieusement d'abattre le petit Châtelet, qui obstrue le passage dans cette partie de la ville, débouché de grosses voitures considérables. En le faisant sauter, l'hôtel-dieu auroit la facilité de prolonger une

aile parallele, sur l'autre bord de la riviere, à celle qu'on construit à présent : ce qui assureroit pour jamais l'établissement de cet hôpital en ce lieu, d'où l'on a tenté vainement de l'ôter.

10 *Juillet* 1778. Aux différents journaux dont le *Mercure* nouveau doit s'enrichir, il faut joindre encore celui des *Théatres*, qui vient de prendre fin.

10 *Juillet*. On assure qu'on n'a pu persuader au prince de Condé de se mettre sur les rangs pour la place vacante à l'académie Françoise, & qu'il renvoie cet honneur à M. Désormeaux, le véritable auteur du discours, qu'il a choisi entre plusieurs autres.

11 *Juillet* 1778. Les *deux comtesses* n'ont eu aucun succès comme poëme, il est sans contredit plus burlesque que les *deux Jumelles*, & non moins plat. Il y a des ariettes charmantes, mais il faut passer à travers des scenes si longues & si ennuyeuses pour y parvenir, que les détracteurs du nouveau genre persistent à prétendre qu'il ne peut prendre ici.

Quant au ballet pantomime d'*Annette & Lubin*, il a été supérieurement exécuté ; mais il est dangereux qu'en prodiguant trop ce genre, il ne produise plus d'effet, & ne devienne trivial.

12 *Juillet* 1778. On parle d'un réglement fait depuis quelques jours à l'opéra, par lequel les femmes à haute coëffure ne seront pas admises à l'amphithéatre. C'est le sieur de Vismes qui a imaginé cette police, qui a d'abord l'air d'une plaisanterie, mais qu'on assure exister. On ne pourra le croire cependant qu'il ne soit affiché.

On s'en moque en attendant. On dit que la Dlle. Saint-Quentin, si renommée pour les nouvelles coëffures, en a imaginé une derniere qu'on appelle à *la de Vismes*, & que c'est une coëffure plate. Au reste, comme il ne va guere en cet endroit que des filles, des actrices, ou des femmes à entrées, le directeur actuel a peut-être cru pouvoir s'arroger le droit d'examen & d'exclusion.

13 *Juillet* 1778. On prétend que le sujet des *Barmécides*, nouvelle tragédie de M. de la Harpe, exécutée pour la premiere fois avant-hier, est tiré des *mille & une nuits*, c'est-à-dire, d'un recueil de contes à dormir debout. Ceux dont la piece est issue, y ressemblent beaucoup, mais sont cependant trop cruels & trop atroces pour produire sur le spectateur un pareil effet. On en jugera par les principaux traits de la fable. C'est d'abord le calife *Aaron* qui fait périr les *Barmécides*, parce que l'un d'eux, son ministre, a épousé secrétement la sœur de ce souverain; c'est le bourreau chargé de l'exécution tyrannique qui s'attendrit, & qui, pour sauver le chef de cette famille, se permet de sang froid la barbarie de massacrer un esclave innocent qu'il substitue à son maître. C'est le tyran si sanguinaire qui oublie un enfant du ministre que sauve le même bourreau. Ensuite le pere & le fils sont cachés séparément. Le dernier est porté en tribut parmi les enfants que l'Arabe est obligé d'offrir à *Aaron*; il devient, comme de raison, un grand homme, & prend la place de son pere. Cependant le calife s'est repenti de sa cruauté; il a fait élever un mausolée au vieux Barmécide, & tous les jours il y

vient pleurer. Enfin un certain *Saed*, le sauveur du pere & du fils, déclare à ce dernier sa naissance, & lui remet une lettre de son pere mort qui l'exhorte à le venger. Conjuration en conséquence toute préparée, à la tête de laquelle est une princesse, véritable héritiere du trône, & le seul reste de sa famille. *Barmécide*, le jeune, en est aussi amoureux ; mais *Aaron* la lui a refusée ; ce qui le détermine encore plus aisément à devenir le chef de cette conjuration, sans qu'aucun sentiment de reconnoissance pour son bienfaiteur le fasse hésiter un instant. Arrive un vieillard, qui dit être chargé de révéler au calife une conspiration, & ce vieillard c'est le vieux *Barmécide* ressuscité, qui trouve plus grand de sauver la vie au tyran que de le détrôner. Il se fait connoître & apprend ce qui va résulter de sa révélation; il persiste. Imbroglio du diable qui naît de tout cela, dont le dénouement est une révolte, dans laquelle périt le fils d'*Aaron*, le seul peut-être qui méritât d'être épargné, n'étant pour rien dans tant d'horreurs. Les coupables sont sauvés par l'intercession du vieux *Barmécide*, en récompense de son zele héroïque ; & *Aaron* fait épouser la princesse au fils de son ancien ministre, & leur assure le trône.

Tel est le canevas de cette tragédie, absolument contre les mœurs d'un bout à l'autre, où l'héroïsme même est faux & outré continuellement, est mêlé de bassesse & d'infamie ; en sorte qu'il n'y a pas un personnage à qui, avec un peu d'honnêteté dans l'ame, on voulût ressembler. On voit que l'auteur, pour faire des tours de force merveilleux, a absolument oublié de descendre dans le cœur humain, & ne fait peindre ni ses foiblesses, ni ses vertus; en sorte que tous ses caracteres sont manqués, & ne peuvent conséquemment produire aucun intérêt.

13 *Juillet* 1778. Tout le monde se souvient du fameux l'Ecluse; c'est lui qui reparoît sur la scene, qui va d'abord établir un spectacle à la foire Saint-Laurent, & qui ensuite reviendra sur les boulevards & se doit construire une salle auprès de *Torré*. Il s'agit de ramener l'ancien opéra comique à vaudevilles.

Le conservatoire s'avance, & a déja écrit en lettres d'or sur son frontispice : *Eleves pour la danse de l'opéra.*

14 *Juillet* 1778. Une lettre d'un certain marquis de Villevieille, protégé de monsieur de Voltaire, insérée dans le *Journal de Paris*, contre monsieur de la Harpe, qui n'a semblé profiter de la faculté d'ouvrir la bouche sur le compte du défunt, que pour critiquer son maître & son bienfaiteur, ayant paru à la veille de la premiere représentation des Barmécides, l'a singuliérement ému, au point qu'il en a versé des larmes de rage. Il s'est remis cependant; son amour-propre l'a rassuré, & il fait bonne contenance en cet instant fatal, malgré les huées fréquentes. Après la piece, ayant trouvé le sieur la Rive chargé du rôle d'*Aaron*, qui a produit quelque effet au cinquieme acte, & a relevé la tragédie dont la chûte devenoit complete, il l'a embrassé, en lui disant qu'il lui devoit *son triomphe.* Mais cette joie affectée n'étoit pas sincere; le poëte souffroit intérieurement, & il en a eu une diarrhée violente. A la seconde

repréſentation, s'étant apperçu qu'il y avoit très-peu de monde aux *Barmécides*, ce ſpectacle lui a ſerré le cœur encore, il n'a pu y tenir, & il eſt ſorti. Cependant, comme la ſorte de public qui y aſſiſtoit, n'étoit compoſée que de ſes prôneurs ou gagiſtes, il a recueilli beaucoup d'applaudiſſements, & des meſſagers fideles lui en ſont venus rendre compte; en ſorte qu'il eſt un peu mieux portant, mais non ſa piece, que vient étouffer de concert une chaleur exceſſive.

15 *Juillet* 1778. Les lettres de Hambourg apprennent que Mlle. Raucoux, qui s'étoit retirée dans cette ville avec la Dlle. Souck, non moins renommée qu'elle pour le vice dont on accuſoit la premiere, s'y étant permis des eſcroqueries, qui ont attiré l'attention de la juſtice, ces deux courtiſannes, malgré l'étalage de leurs charmes, ont été condamnées à être fouettées, marquées & bannies. Quelle chûte pour l'une dont le début à la comédie Françoiſe lui avoit attiré une célébrité ſans exemple juſques-là; & pour l'autre, ayant vu dans ſes fers le frere d'un grand roi.

16 *Juillet* 1778. M. le marquis de Girardin eſt par ſa mere un petit-fils du fameux *Ath*, ce fermier-général renommé pour ſes richeſſes, dont il a eu une grande partie. Il étoit un des plus dociles diſciples de Rouſſeau, & lui & ſa femme l'imitoient en tout dans leur genre de vie très-cynique. Ils ont regardé comme une bonne fortune de recueillir le cadavre du phi-loſophe: outre ce devoir rempli envers un grand homme, ils rendent ainſi leur jardin à l'Angloiſe le plus curieux par un monument

unique, & l'on affure qu'ils ont commandé un maufolée à un fameux fculpteur.

17 Juillet 1778. On a été bien furpris de voir le docteur Franklin, chargé des affaires les plus graves, fe prêter à la fête que lui a donné ces jours-ci la *Loge des Neuf Sœurs*, & paffer une journée entiere parmi un tas de jeunes gens & de poétereaux, qui l'ont enivré à l'envi d'un encens fade & puérile.

On lui a donné le tablier de M. de Voltaire.

18 Juillet 1778. *Le Baptême à la Grecque, à M. le comte Strogonoff, feigneur Ruffe, fur le baptême de Mlle. fa fille.*

Oui, vous baptifez mieux que nous,
Cher comte, il faut que j'en convienne :
Le diable eft mieux chaffé par vous
Que dans notre églife Romaine.
Que peuvent quelques gouttes d'eau
Contre la tache originelle ?
Chez nous à peine elle ruiffelle,
Vous y plongez l'enfant nouveau :
Voilà, comte, ce qui s'appelle
Envoyer le diable à vau-l'eau.
Quand Pierre dans fon eau luftrale
Trempant fon trifte goupillon,
Croyoit, par fon afperfion,
Donner la grace baptifmale
A mainte & mainte nation ;
A coup fûr plus d'un Néophite
Dut, échappant à l'eau bénite,
Garder fa tache & fon démon.

Jean-Baptiste étoit bien plus sage,
Il conduisoit dans le Jourdain
Hommes & femmes de tout âge,
Accompagnés de leur parrain.
Là baignant ses cathécumenes
Et par-dessus & par-dessous,
Les diable, comme des hibous,
De leurs corps sortoient par douzaines,
Et s'échappoient par tous les bouts.
Il n'est point d'esprit plus rebelle
Que celui qui se fit serpent
Pour tenter la femme d'Adam.
Eve, sans doute, étoit très belle :
Lucifer en fut plus ardent
Pour se bien cantonner chez elle.
Depuis toute beauté femelle
N'a point dans son corps de parcelle
Où ne se loge le méchant.
Joli minois, taille élégante,
Pieds délicats & faits au tour,
Tettns arrondis par l'amour,
Bras potelés, bouche charmante,
Par-dessus tout, un œil fripon,
Tous ces appas ont leur démon.
Lisez Bougens (1) sur ce chapitre,
Et vous plaindrez à juste titre
Notre souci, notre embarras,
Quand d'une immonde fourmillere
Nous voulons purger tant d'appas

---

(1) Le pere Bougens, jésuite, auteur d'un petit Traité *sur l'ame des bêtes & sur celle des femmes*, qu'il prétend animées par des démons.

Par notre baptême ordinaire :
Il faut le vôtre en ce cas-là,
Sur-tout pour fille de comtesse,
Qui dans quinze ans nous offrira
L'esprit, la grace enchanteresse
De la maman qui la forma.
Je ne dis rien de son papa,
Que le plus mince éloge blesse.
Mais pourtant, si je connoissois
Quelque mot qui rimât en *Ecque*,
Sans le flatter je m'écrierois :
Vive le baptême à la Grecque !

18 *Juillet* 1778. Mercredi dernier la piece des *Barmécides* est presque tombée dans les regles. Il n'y a eu que 850 livres de recette. Le comédien Monvel, dont M. de la Harpe avoit fort maltraité l'*Amant bourru* dans son journal, a pris sa revanche par une *Complainte* sur l'air *des Pendus*, intitulée *les Barmécides*. C'est une critique très-détaillée, & conséquemment un peu longue, de cette tragédie ; elle est très-juste & le résumé des observations de tous les connoisseurs ; elle a vingt-trois couplets.

19 *Juillet* 1778. Aujourd'hui on a fait sur l'eau, depuis le Pont-neuf jusques aux Invalides, différents exercices du scaphandre, tendants à démontrer la sûreté & l'utilité de ce corcelet, dont l'abbé de la Chapelle prétend être l'inventeur, & construit par monsieur Hirault. Il est certain aujourd'hui qu'on parle fortement d'une descente en Angleterre, que ce vêtement pourroit être d'un grand secours, s'il conservoit à l'individu effectivement toute la liberté des

mouvements, & lui donnoit la facilité de faire les évolutions qu'il voudroit.

19 *Juillet* 1778. Aujourd'hui que le *Jugement de Midas*, ayant un succès général, a permis à son auteur, M. Delhi, de se nommer, on lui en conteste l'invention ; on veut qu'il ait pris ce sujet dans une piece Angloise, quoiqu'elle ne soit nullement dans le génie du théatre comique de cette nation, & qu'elle soit remplie de scenes délicates, de détails charmants, de jolies choses qui semblent plutôt appartenir à la nôtre. *Apollon* sur-tout a un ton de persiflage digne du petit-maître de la cour le plus spirituel & le plus exercé.

Quoique la mélodie en soit très-agréable, on ne la trouve pas aussi céleste qu'on la voudroit dans la bouche de ce dieu, & de ce dieu de la musique.

20 *Juillet* 1778. M. Diderot est un de ceux qui craignent le plus la publicité des mémoires de Rousseau ; il dit qu'ayant passé près de vingt ans de sa vie dans la plus grande intimité avec lui, il ne doute pas que ce cynique ne dissimulant rien, & nommant chacun par son nom, n'ait relevé beaucoup de choses qu'il préféreroit devoir rester dans l'oubli. On jugeroit par ses discours, que Rousseau étoit un méchant homme au fond.

21 *Juillet* 1778. M. Jean-Jacques Rousseau étoit fort lié avec un horloger, beau-pere du sieur Corencé, l'un des entrepreneurs utiles du *Journal de Paris*. On croit que c'est cet horloger qui est dépositaire des papiers & autres effets littéraires de la succession de ce philosophe. Comme on avoit fait courir des bruits sinistres

sur sa mort, qu'on prétendoit volontaire, il se répand un extrait des minutes du bailliage & vicomté d'Ermenonville, du 3 juillet, par lequel il est constaté juridiquement, & d'après la visite des gens de l'art, que Rousseau est mort d'une apoplexie séreuse.

Quant aux motifs de sa retraite, ils sont également contenus dans un écrit de sa main, daté du mois de février 1777, par lequel l'on voit que, forcé de quitter Paris, par la modicité de son revenu, il demande une retraite. Il ne rend point compte, au surplus, des raisons qui l'avoient obligé de se priver des secours qu'il se procuroit en copiant de la musique, genre de travail dont il s'étoit abstenu depuis quelque temps. Voici ce singulier mémoire domestique.

« Ma femme est malade depuis long-temps,
» & le progrès de son mal, qui la met hors
» d'état de soigner son petit ménage, lui rend
» les soins d'autrui nécessaires à elle-même,
» quand elle est forcée à garder son lit. Je l'ai
» jusqu'ici gardée & soignée dans toutes ses
» maladies; la vieillesse ne me permet plus le
» même service. D'ailleurs, le ménage, tout
» petit qu'il est, ne se fait pas tout seul; il
» faut se pourvoir au dehors des choses nécessaires à la subsistance & les préparer; il faut
» maintenir la propreté (1) dans la maison.
» Ne pouvant remplir seul tous ces soins, j'ai

---

(1) Il est écrit en note à cet endroit: " mon inconcevable situation, dont personne n'a d'idée, pas même ceux qui m'y ont réduit, me force d'entrer dans ces détails. „

» été forcé, pour y pourvoir, d'essayer de
» donner une servante à ma femme. Dix mois
» d'expérience m'ont fait sentir l'insuffisance &
» les inconvénients inévitables & intolérables
» de cette ressource dans une position pareille
» à la nôtre. Réduits à vivre absolument seuls,
» & néanmoins hors d'état de nous passer du
» service d'autrui, il ne nous reste dans les
» infirmités & l'abandon, qu'un seul moyen
» de soutenir nos vieux jours : c'est de trou-
» ver quelqu'asyle où nous puissions subsister
» à nos frais, mais exempts d'un travail qui
» désormais passe nos forces, & de détails &
» de soins dont nous ne sommes plus capa-
» bles. Du reste, de quelque façon qu'on me
» traite, qu'on me tienne en clôture formelle
» ou en apparente liberté, dans un hôpital ou
» dans un désert, avec des gens doux ou
» durs, faux ou francs, (si de ceux ci il en
» est encore) je consens à tout, pourvu qu'on
» rende à ma femme les soins que son état
» exige, & qu'on me donne le couvert, le
» vêtement le plus simple & la nourriture la
» plus sobre jusqu'à la fin de mes jours, sans
» que je ne sois plus obligé de me mêler de
» rien. Nous donnerons pour cela ce que nous
» pouvons avoir d'argent, d'effets & de ren-
» tes, & j'ai lieu d'espérer que cela pourra
» suffire dans des provinces où les denrées
» sont à bon marché, & dans des maisons
» destinées à cet usage, où les ressources de
» l'économie sont connues & pratiquées, sur-
» tout en me soumettant, comme je fais de
» bon cœur, à un régime proportionné à mes
» moyens. »

21 *Juillet.*

22 *Juillet* 1778. *Apologie de l'état religieux*, dans laquelle on prouve que les ordres & les congrégations régulieres sont très-utiles à la religion & à la société, & que l'incrédulité seule peut avoir intérêt à les déshonorer & à les détruire. Telle est une brochure nouvelle fort rare, parce qu'étant spécialement dirigée contre la *Commission concernant les réguliers*, celle-ci a le plus grand intérêt d'en empêcher la publicité.

23 *Juillet* 1778. On parle déja d'un nouvel opéra que le chevalier Gluck doit nous donner cet hiver : c'est *Iphigénie en Tauride*. Ce sujet noir & tragique est parfaitement dans son genre. Reste à savoir si l'auteur du poëme qu'on ne nomme pas encore, aura fait des paroles dignes de ce grand maître.

24 *Juillet* 1778. Les ennemis de Me. Linguet triomphoient depuis quelque temps de son silence & de son inaction ; ils s'étoient même enhardis à publier qu'il avoit été arrêté & le plaçoient dans diverses citadelles tour-à-tour : il passe pour constant, au contraire, que n'ayant pu se fixer en Suisse, il est venu à Paris pour l'arrangement de ses affaires domestiques, qu'il y est resté quelques jours, & a obtenu la permission d'emporter ses meubles & effets, même avec quelques immunités : on ajoute enfin qu'il a eu audience des ministres contre lesquels il a crié si amérement, & qu'ils l'ont accueilli avec bonté.

25 *Juillet* 1778. Tout ce qui concerne un grand homme, & sur-tout M. de Voltaire étant précieux, voici les pieces dont s'étoit muni l'abbé Mignot avant de se rendre à Scellieres.

1°. Il requit du curé de Saint Sulpice la renonciation suivante :

« Je consens que le corps de M. de Voltaire soit emporté sans cérémonie, & je me départs à cet égard de tous droits curiaux. »

2°. Il extorqua de l'abbé Gaulthier la déclaration suivante :

« Je soussigné, certifie à qui il appartiendra, que je suis venu à la requisition de M. de Voltaire, & que je l'ai trouvé hors d'état de l'entendre en confession. »

3°. Le tout étoit précédé de la déclaration suivante :

« Je soussigné, déclare, qu'étant attaqué depuis quatre jours d'un vomissement de sang, à l'âge de 84 ans, & n'ayant pu me traîner à l'église, M. le curé de St. Sulpice, ayant bien voulu ajouter à ses bonnes œuvres, celle de m'envoyer M. l'abbé Gaulthier, prêtre, je me suis confessé à lui, & que si Dieu dispose de moi, je meurs dans la sainte religion catholique, où je suis né, espérant de la miséricorde divine, qu'elle daignera pardonner toutes mes fautes ; & que si j'avais scandalisé l'église, j'en demande pardon à Dieu & à elle. *Signé*, VOLTAIRE ; le deux mars 1778, dans la maison de M. le marquis de Villette, en présence de M. l'abbé Mignot, mon neveu, & de M. le marquis de Villevielle, mon ami. »

26 *Juillet* 1778. Le sieur Couture, l'architecte, chargé de la construction du palais, se plaignoit depuis le commencement de ses travaux d'être gêné par la Tour de Montgomery. Ce vieux monument faisoit partie de la con-

clergerie, il servit à renfermer les fameux coupables; Damiens y avoit été. Le premier président d'Aligre y étoit attaché, il ne vouloit point la laisser démolir, en sorte qu'il avoit fallu faire deux plans. Enfin, au moment critique, M. d'Aligre a consenti à la démolition, & rien ne peut plus empécher l'artiste de s'évertuer; il va se donner carriere, & le nouvel édifice coûtera infiniment plus qu'on ne l'auroit desiré.

2*7 Juillet* 1778. M. le chevalier du Coudrai, qui avoit commencé de faire imprimer les *Anecdotes sur M. de Voltaire*, a vu son ouvrage arrêté au milieu de l'impression. Cependant il paroît que les journaux commencent à se donner carriere, & l'on trouve dans celui de Bouillon, intitulé *Journal Encyclopédique*, du 15 juillet, un recueil de faits & de pieces qui ne peuvent que déplaire au clergé.

17 *Juillet*. On montre manuscrite la préface des mémoires de Rousseau. Si elle est authentique, elle donneroit lieu de croire qu'ils contiennent les faits étranges dont on a parlé & bien d'autres. C'est vraisemblablement ce qui a fait courir tous les bruits, qui ont mis en l'air les amateurs & les curieux, mais inutilement jusqu'à présent.

27 *Juillet*. C'est madame Denis qui avoit permis au marquis de Villette, de prendre le cœur de M. de Voltaire; ses neveux s'y sont opposés. On voit en conséquence une lettre, signée, *abbé Mignot*, *de Dampierre*, *d'Hornoy*, adressée au libraire *Pankouke*. Elle est du 15 juillet. La voici :

MONSIEUR,

Un bruit accrédité par quelques papiers publics étrangers s'étant répandu dans Paris, que le cœur de feu M. de Voltaire avoit été distrait de son corps, pour qu'il lui fût fait des obseques particulieres ; nous, ses neveux, plus proches parents mâles, par conséquent chargés du soin de ses funérailles, assurons, comme nous l'avons déja fait dans une protestation publique, déposée chez Me. Dutertre, notaire, & signée de toutes les parties intéressées, que le testament de feu M. de Voltaire, ni aucun écrit émané de lui, n'indiquent qu'il ait jamais voulu que cette distraction fût faite en faveur de qui que ce soit, ni d'aucun monastere, ni d'aucune église ; que nous n'y avons point consenti, ni pu, ni dû y consentir ; que le procès-verbal d'ouverture & d'embaumement déposé chez le même notaire, ne fait aucune mention de cette prétendue distraction, qu'il ne paroît aucun acte qui en fasse foi ; & que dans de pareilles circonstances, ce qui pourroit avoir été entrepris à cet égard, seroit absolument illégal ; que ce qui pourroit avoir été distrait du corps de M. de Voltaire, sans aucune des formalités indispensables, ne seroit susceptible d'aucun honneur funebre. Nous vous prions, Monsieur, pour l'intérêt de l'ordre public & de la vérité, d'insérer cette assertion dans le prochain mercure. Nous sommes très-parfaitement, Monsieur, vos très-humbles & très-obéissants serviteurs, l'abbé *Mignot*, *de Dampierre*, *d'Hornoy*.

28 *Juillet* 1778. Extrait du regiftre des actes de fépulture de l'abbaye royale de Notre-Dame de Scellieres, diocefe de Troyes....... « Ce jourd'hui 2 juin 1778, a été inhumé dans cette églife meffire François-Marie Arouet de Voltaire, gentilhomme ordinaire de la chambre du roi, l'un des quarante de l'académie Françoife, âgé de 84 ans ou environ, décédé à Paris le 30 mai dernier, préfenté à notre églife le jour d'hier, où il eft dépofé, jufqu'à ce que, conformément à fa derniere volonté, il puiffe être tranfporté à Ferney, lieu qu'il a choifi pour fa fépulture ; ladite inhumation faite en préfence, &c. »

Cette piece eft encore tirée du *Journal Encyclopédique*, où l'on lit d'autres circonftances ajoutées pour rendre plus odieufe la conduite du clergé envers le cadavre de M. de Voltaire, dont la conduite prouveroit qu'il a au moins voulu fatisfaire à l'extérieur.

1°. Le journalifte avance que lors de fon accident du mois de mars, ce fut M. de Voltaire qui, de fon propre mouvement, envoya chercher l'abbé Gaulthier, qui s'étoit, fi eft vrai, préfenté à lui lors de fon arrivée, & lui avoit offert, en cas de maladie, les fecours fpirituels.

2°. M. de Voltaire fe confeffa, pendant plus d'une heure, à l'abbé Gaulthier, & donna enfuite la déclaration, qu'on a vue, dans laquelle cependant, par une contradiction affez fenfible avec l'écrivain, il regarde M. l'abbé Gaulthier comme un délégué de M. le curé & envoyé par ce pafteur ; ce qu'il n'auroit pu dire s'il l'eût mandé lui-même : d'ailleurs, comment ce bon prêtre fouffre-t-il que M. de Voltaire dife cela dans un écrit dont il a participation, qu'il doit garder entre ſes mains ; ce qui annonceroit de ſa part du moins un menſonge pieux, s'il ſe fût déclaré venir de la part du paſteur, lorſque celui-ci n'en ſavoit rien.

3°. M. le curé de Saint Sulpice, ſuivant le même récit, vint voir M. de Voltaire le même jour, prit copie de cette profeſſion de foi, & la déclara authentique par un écrit qu'il donna à M. l'abbé Mignot, en ajoutant ſeulement que l'abbé Gaulthier n'avoit pas été envoyé par lui, comme le malade l'avoit cru. Le malade n'avoit donc pas envoyé chercher le confeſſeur.

4o. M. de Voltaire, durant ſa derniere maladie de près de quinze jours de durée, n'a jamais eu la tête libre deux minutes de ſuite. Le journaliſte oublie que deux pages avant il rapporte la lettre écrite par le moribond à M. de Lally, lettre qui n'annonce rien moins qu'un homme en délire, & qu'un homme occupé de ſa conſcience ; cependant, dit-il, c'eſt cette raiſon qui a empêché M. le curé de Saint Sulpice de le voir, comme il étoit invité par la famille.

5°. Enfin le ſamedi 30 mai, M. de Voltaire, dans un inſtant lucide, ayant envoyé chercher M. l'abbé Gaulthier, M. l'abbé Mignot alla chercher auſſi curé qui vint avec le confeſſeur ; mais par le peu de mots que M. de Voltaire prononça avec peine, ces deux meſſieurs jugurent, & M. le curé en prit à témoins la famille, qui étoit préſente, *que le malade n'avoit pas ſa tête.*

La fauſſeté de ce récit ſe démontre par les contradictions dans les faits.

28 *Juillet* 1778. Jeudi dernier les comédiens

Italiens se proposoient de jouer *l'Inconnu persécuté*, intermede Italien ajusté au théatre par M. Moline, musique d'Anfossi. Mais M. de Vismes le leur a fait défendre, prétendant que c'étoit aux bouffons à exécuter ces pieces.

29 *Juillet* 1778. Voici cette préface que Rousseau destinoit à ses mémoires ; elle est courte & en forme d'avertissement, mais d'une tournure originale & vraiment éloquente.

« Je formé une entreprise qui n'eut jamais
» d'exemple, & l'exécution n'aura point d'imi-
» tateurs. Je veux montrer à mes semblables
» un homme dans toute la vérité de la nature ;
» & cet homme c'est moi.

» Moi seul je sens mon cœur, & je connois
» les hommes. Je ne suis fait comme aucun de
» ceux qui existent : je ne vaux pas mieux ou
» moins ; je suis autre. Si la nature a bien ou
» mal fait de briser le moule dans lequel elle
» m'a jeté, c'est ce dont on ne peut juger
» qu'après m'avoir lu.

» Que la trompette du jugement dernier sonne
» quand elle voudra, je viendrai, ce livre à la
» main, me présenter devant le souverain juge.
» Je dirai hautement : voilà ce que j'ai fait, ce
» que j'ai pensé, ce que je fus : j'ai dit le bien
» & le mal avec la même franchise ; je n'ai rien
» tu, rien déguisé, rien pallié ; je me suis montré
» coupable & vil quand je l'ai été ; j'ai montré
» mon intérieur comme tu l'as vu toi-même,
» Etre éternel ! rassemble autour de moi l'innom-
» brable foule de mes semblables ; qu'ils écou-
» tent mes confessions, qu'ils rougissent de mes
» indignités, qu'ils gémissent de mes miseres,
» que chacun dévoile à son tour son cœur au

» pied de ton trône, & qu'un seul te dise en-
» suite, s'il l'ose, je fus meilleur que cet
» homme-là. »

30 *Juillet* 1778. On va faire enfin dans cette capitale l'essai des pompes ou machines à feu pour élever l'eau de la Seine & la distribuer dans les différents quartiers de la ville & fauxbourgs, & le projet passé au conseil a été aprouvé par le parlement. Les lettres-patentes sur arrêt du conseil sont du 7 février 1777, & l'enrégistrement du 16 de ce mois. Le privilege, sans s'arrêter aux demandes des sieurs Dauxiron, officier réformé au régiment d'Austrasie, & Capron, architecte, est accordé aux sieurs Perier, freres, pour quinze ans, à commencer du jour que leurs machines commenceront à servir. Il est exclusif, mais le gouvernement ne s'ôte pas la liberté d'exécuter quand il voudra le plan de M. de Parcieux, ou de tout autre dont l'utilité sera reconnue.

Les freres Perier sont en outre obligés de mettre leurs machines en état de perfection, & de distribuer 150 pouces d'eau au moins dans trois ans, à compter du jour de l'obtention de leur privilege, à faute de quoi il sera nul.

31 *Juillet* 1778. Divers accidents déja arrivés au-dessus du sol sous lequel on a ouvert des carrieres qui environnent & pénetrent dans Paris, ont donné l'alarme au gouvernement, qui a pris des précautions dont on a parlé cet hiver. Un nouveau plus effrayant est arrivé lundi sur les onze heures du matin sur une carriere longeant le chemin de Mesnil-montant ; sept personnes ont été englouties sous la terre, qui s'est entr'ouverte, sans qu'aucune ait pu se sauver ;

on a remarqué seulement une femme revenant à plusieurs reprises de terre, & enfin écrasée par de nouveaux éboulements.

Ces sept personnes sont les sieurs Favier, deux freres, dont l'un procureur au Châtelet, & l'autre maître maçon ; un sieur le Gris, ancien homme d'affaires de la maison de la Rochefoucault & sa femme; enfin la veuve d'un apothicaire, sa fille & sa petite-fille. A cette affreuse annonce, le malheureux gendre est devenu fou.

Depuis ce temps, deux cents ouvriers, le jour & autant la nuit, travaillent sans relache à chercher les cadavres, & sur-tout à mettre ces lieux hors d'état d'occasioner de nouveaux malheurs ; c'est une dépense de 100 pistoles par séance, c'est-à-dire, de 2,000 livres en vingt-quatre heures.

Monsieur le premier président, le lieutenant de police, d'autres magistrats & gens présidant aux travaux, visitent fréquemment ce lieu, qui attire tout Paris. C'est un spectacle pour les oisifs de cette capitale, & le chemin de Mesnil-montant est plus fréquenté que celui de Versailles.

La nuit on s'assemble sur les boulevards pour contempler une illumination résultant de quatre cents terrines ou pots-à-feu, qui de loin forment un coup d'œil, & indiquent ce gouffre funéraire.

On n'a en encore rien trouvé, pas même les vestiges d'un grand orme, à l'ombre duquel les engloutis se reposoient, & qui s'est enfoncé avec eux.

31 *Juillet* 1778. On doute que le sieur de Vismes puisse suffire à l'entreprise qu'il a formée

concernant l'opéra. Les fonds lui manquent, & le sieur Compain, valet de chambre de la reine, qui lui en fournissoit, semble se dégoûter d'un représentant ne faisant que des sottises, & de plus en plus désagréable aux acteurs, danseurs, menétriers & au public; en sorte qu'on présume qu'il se servira de son crédit auprès de S. M. pour faire expulser ce directeur. On pense que pour plus de solidité on lui substituera une compagnie. Jamais machine n'a été si difficile à consolider que celle de ce spectacle.

31 *Juillet* 1778. Pour suppléer à la foire Saint-Ovide, qu'on supprime, on va rouvrir décidément la foire Saint-Laurent : c'est-là que le sieur l'Ecluse, ancien acteur de l'opéra-comique de Paris, se propose de donner un spectacle varié de différents genres, mêlé de pieces poissardes, pantomimes, à spectacle & divertissements. En conséquence il invite les auteurs qui voudront courir ces diverses carrieres de lui communiquer leurs ouvrages.

1 *Août* 1778. Pendant le ministere de M. Turgot & l'administration de la police exercée par M. Albert, plusieurs particuliers avoient profité de la liberté introduite sous ces messieurs pour réaliser divers projets, entr'autres un sieur le Rey avoit formé un *Bureau d'indication* dans cette capitale, qui a subsisté jusqu'à présent; il répandoit même dans les provinces des affiches pour se faire connoître. Le gouvernement actuel, sous prétexte que ces sortes d'établissements ont besoin de son attache pour en faire la sûreté & établir la confiance, par un arrêt du conseil du 12 juin, publié depuis peu, a renversé la spéculation du sieur le Rey.

1 *Août* 1778. L'exiftence des mémoires de Rouffeau en manufcrit n'eft plus douteufe ; M. le Miere attefte lui en avoir entendu faire la lecture en 1771. Ce fut en faveur du prince royal de Suede, alors à Paris ; elle eut lieu chez M. le marquis de Pezay, & ce fut le philofophe Genévois qui lui-même en régala l'affemblée peu nombreufe. La lecture dura depuis fept heures du matin jufqu'à onze heures du foir, fauf l'intervalle du dîner & du fouper ; en forte qu'on voit que l'ouvrage eft long, & doit faire deux volumes bien conditionnés.

Il paffe pour affez conftant encore que Rouffeau étant malade dangereufement, craignant de mourir, & envifageant le fort funefte de mademoifelle le Vaffeur, fa femme, lui dit de ne point s'affliger fur ce qu'elle deviendroit après lui ; qui lui donna en même temps la clef de fon fecretaire, lui en fit tirer un paquet, en lui apprenant que c'étoient fes mémoires manufcrits qu'elle pourroit vendre, & dont elle tireroit bon parti. Si l'on en croit la fuite de l'anecdote, elle fe feroit laiffé féduire par les offres d'un libraire étranger qui lui en auroit donné mille louis, qui en auroit même imprimé un volume ; mais qui, touché du chagrin & des plaintes du philofophe, avoit fufpendu & promis de ne rien mettre en lumiere qu'après fa mort. Voici le moment où il a la liberté de le faire.

On veut qu'en outre il y ait dans Paris un autre manufcrit de ces mémoires, que tout le parti encyclopédique cherche à fouftraire par le rôle qu'y jouent les coryphées, & qu'ils favent ne devoir pas être à leur honneur.

2 *Août* 1778. Le sieur de Beaumarchais n'a pas manqué de répandre à Aix un mémoire, où dès le titre il s'annonce pour un persifleur. Il porte : *Réponse ingénue du sieur Pierre-Augustin Caron de Beaumarchais, à la consultation très-injurieuse répandue à Aix par le sieur Falcoz, comte de la Blache.* Il est daté du 17 juin & signé de maîtres Romeau Tributis & Pazery, avocats de Provence; monsieur de Saint Marc, conseiller-rapporteur. Il résulte de cet écrit, quant au fond, que les magistrats, en voyant comme hommes que le sieur de Beaumarchais n'est rien moins qu'intact, ne pourront le condamner comme juges, par son adresse à couvrir son escroquerie.

3 *Août* 1778. M. le duc de Chartres n'est arrivé de Versailles qu'hier au soir à cinq heures; tout le palais étoit rempli de courtisans qui l'attendoient. L'abbé de Launay lui a présenté à la descente de son carrosse une piece de vers intitulée *Bulletin du Parnasse*. Le prince a eu peine à monter ses escaliers à cause de la foule qui l'entouroit; peu après il s'est rendu à l'opéra pour y recueillir de nouvelles acclamations de joie.

3 *Août*. L'ignorance où l'on est encore en France sur la maniere d'exploiter les mines, ce qui oblige d'avoir recours à des étrangers pour les mettre à la tête de ces travaux, est le motif sur lequel on établit la fondation faite par le roi à la monnoie depuis peu, d'une chaire de professeur en Métallurgie & en Minéralogie docimastique. Les lettres-patentes sont du 11 juin, & l'enrégistrement en ladite cour du 8 juillet.

C'eſt en faveur de M. Sage, membre de l'académie des ſciences, adjoint pour la chymie, qu'a été créée la chaire nouvelle. Il faiſoit depuis pluſieurs années gratuitement des cours publics, & ſes illuſtres écoliers ont concouru à le faire ainſi dédommager de ſon zele.

3 *Août* 1778. Saint-Cernain eſt un endroit de Rouergue ſi vilain, que M. l'évêque de Rodez, y paſſant, ne put s'empêcher de s'écrier : « ah ! l'abominable lieu ! » Il s'en eſt reſſouvenu, & par une vengeance raffinée & bien digne d'un prélat, y a envoyé l'abbé de portelance pour lui apprendre à plaider contre ſon évêque.

3 *Août.* L'ouverture du nouveau ſpectacle des boulevards eſt fixée décidément au 1 ſeptembre. La ſalle eſt charmante & d'un très-bon goût, le théatre vaſte & propre à exécuter tout ce qu'on voudra. Le nombre des éleves pour l'opéra eſt de 80 ſujets. On donnera pour commencer un prologue relatif au lieu, & une pantomime, intitulée: *la Jéruſalem délivrée.* Elle ſera exécutée d'après celle de Servandoni, repréſentée il y a plus de 25 ans ſur le grand théatre des Tuileries.

On prétend que la miſe dehors des entrepreneurs de ce petit ſpectacle forain, ſera de plus de 500,000 livres. Il eſt vrai qu'il doit être auſſi le magaſin du théatre lyrique.

3 *Août.* On annonce une piece récemment écloſe de la Minerve de monſieur Cailhava d'Eſtandoux, ayant pour titre *les Journaliſtes.* Il prétend que cette facétie ne doit bas ſe laiſſer refroidir, & veut être jouée tout de ſuite ; mais

en assure qu'aucun censeur n'ose prendre sur lui d'approuver cette iniquité.

4 Août 1778. *Mémoire pour monsieur l'archevêque électeur de Treves, contre le sieur Martin, en présence du sieur Regnault, sur l'état du comté de Stenai; la soumission de ce comté au concordat Germanique; & l'exécution en France de l'indult qui donne à monsieur l'archevêque, électeur de Treves, la collation des bénéfices dans les mois réservés au pape.* On juge par le titre combien ce *factum* peut être important & mérite d'être développé plus au long.

5 Août 1778. Les comédiens François ont enfin accordé les entrées à M. de Mauroy, autre descendant de Racine qui les sollicitoit depuis quinze ans. Il est allé les remercier à leur comité du mercredi, & a été émerveillé du cérémonial de la troupe. Arrivé à la porte, on lui a dit que les comédiens étoient assemblés pour délibérer, qu'on alloit les avertir, & on l'a prié d'attendre. Deux députés sont venus le recevoir au bas de l'escalier, l'ont introduit, & après les compliments réciproques, les mêmes députés l'ont reconduit où ils l'avoient pris.

6 Août 1778. Rien de plus curieux à voir que le délire des Parisiens en faveur du duc de Chartres, qui étoit fort mal dans leur esprit depuis l'aventure de madame la duchesse de Bourbon. On a rendu compte de la maniere dont il avoit été accueilli le dimanche: avant de se montrer à l'opéra, il fut obligé de paroître sur son balcon avec madame la duchesse, & d'y recevoir les acclamations de tout le peuple.

Rendu à l'opéra, tout le monde se leva, & il

fut applaudi pendant 20 minutes ; l'orcheftre fe joignit aux clameurs de l'affemblée en exécutant une fanfare triomphale. On avoit délibéré de lui préfenter une couronne, mais on n'ofa pas.

Le foir on exécuta un concert après fouper chez le prince, où mademoifelle Arnoux & Larrivée chanterent. La voix de la premiere ne répondit pas à fon zele, & elle fut huée. C'eft le fieur Moline qui avoit fait les vers préfentés à leurs alteffes, dans le ton de l'adulation la plus plate & la plus dégoûtante.

Le lundi la comédie Italienne, que le prince honora auffi de fa préfence, exécuta un petit compliment relatif à fon retour. Le foir les *Cracoviftes*, c'eft-à-dire, ces oififs qui fe raffemblent en foule au Palais-Royal fous l'arbre de Cracovie, & s'y entretiennent de nouvelles, dans leur reconnoiffance pour le héros qui leur fourniffoit une fi fimple matiere à differter, fe cottiferent ; ils firent venir de la mufique & exécuter un feu d'artifice. Les habitants des rues adjacentes avoient illuminé leurs fenêtres du Palais-Royal, & toute la populace eut la liberté d'entrer dans le jardin & même dans le palais.

Le mardi M. le duc de chartres fut encore recueillir un grain d'encens à l'opéra du fieur Larrivée, faifant le rôle de *Ricinier* dans *Ernelinde*, & mêmes folies dans le jardin jufqu'au départ de fon alteffe, qui a converti en deuil tant de réjouiffances.

Le duc & la ducheffe n'avoient pu fe refufer à fe promener dans la nuit du lundi, & parvenus fous les fenêtres de Mlle. Arnoux, cette actrice voulut réparer son honneur en les célébrant de nouveau par son chant, & faisant des effets de voix plus heureux.

7 *Août* 1778. Extrait d'une lettre de Toulouse, du 29 juillet.... Un nommé Delpeche, fils d'un chirurgien, fou & enfermé comme tel dans une pension bourgeoise, s'est échappé sans qu'on s'en apperçût : vêtu décemment, une canne à la main, il est entré dans la grand'chambre comme l'audience tenoit, il s'est avancé au milieu des magistrats, & leur a dit: « je suis » Louis XVI ; vous êtes tous des ignorants, » & je veux réformer vos arrêts. » L'abbé de Barès, conseiller clerc, se trouvant auprès de cet insolent, a voulu le saisir, mais il lui a alongé un coup de canne que l'abbé a été trop heureux d'éviter; la canne a frappé sur le bureau si violemment qu'elle s'est cassée. Le président de Senaux ayant eu la hardiesse d'approcher du furieux, du bout de la canne restée aux mains de cet homme, a été frappé aux testicules & vivement blessé ; grande rumeur, on crie : « huissiers, soldats, au secours ! » Enfin on arrête le quidam, on l'interroge, on reconnoît son état & qui il est ; on le met aux fers, & l'on doit lui faire son procès d'interdiction & de *renfermement* pour le reste de ses jours.

7 *Août*. Par une lettre du 30 juillet, datée de Bruxelles, Me. Linguet annonce aux journalistes de Paris que ses annales vont recommencer au 15 d'août, & qu'il rendra compte de tout : ses partisans sont comblés de joie & ses ennemis tremblent.

8 *Août* 1778. Le mémoire pour l'archevêque

de Treves est de Me. Camus, avocat. Il est intéressant, & par le client qui est un souverain demandant justice, & par le fond où l'on agite des questions relatives au droit des nations.

L'archevêque de Treves, autorisé par le traité de Fontainebleau, fait avec Louis XIV le 12 octobre 1661, & enrégistré à Metz le 12 septembre 1662, en vertu des lettres-patentes du 8 novembre 1661, à choisir de concert avec le roi des arbitres pour prononcer sur un point qui touche immédiatement l'exercice de sa jurisdiction, n'en a point voulu d'autre que la cour des pairs.

Les questions principales que cet électeur ecclésiastique agite en présence de cette cour auguste, sont au nombre de deux. Quel est la loi qui détermine l'exercice du pouvoir de monsieur l'archevêque de Treves, quant à la collation des bénéfices dans la partie de son diocese, située en France, qu'on nomme le comté de Stenay ? Le jurisconsulte démontre que c'est le concordat Germanique.

Quelles sont les conditions que l'on peut exiger, d'après les principes du droit des nations pour autoriser l'archevêque de Treves à user dans le royaume des droits qui lui ont été concédés par un indult, mais qui, suivant nos propres principes, suivant les maximes toujours cheres aux François, les principes des libertés de notre église, doivent être regardés beaucoup plus comme une prérogative inhérente à son siege, que comme un privilege accordé à sa personne ? Me. Camus prouve encore que l'indult du prélat doit être exécuté en France, sans autre permission que celle résultant des traités de 1646 & 1661 , qu'il n'a pas besoin d'enrégistrement , parce qu'il ne faut point décider par les principes des loix civiles , les choses qui appartiennent au droit des gens ; & qu'en supposant même que cet enrégistrement fût nécessaire , ce défaut de formalité pourroit tout au plus annuller l'indult , mais non le droit qui resteroit entier ; que la collation seroit toujours valable , parce que le pacte accessoire au concordat , pacte qui donne à l'archevêque de Treves la collation des bénéfices dans les mois réservés au pape, subsiste toujours.

Tel est le résumé de cet écrit très-savant, & donnant des notions curieuses & étendues sur le droit public d'Allemagne.

8 *Août* 1778. Entre les folies extraordinaires faites au retour du duc de Chartres & pendant son séjour , dans les trois soirées des dimanche, lundi & mardi , il ne faut pas omettre l'anecdote d'une petite farce à l'occasion de l'amiral Keppel. On avoit habillé un mannequin désigné pour figurer cet amiral ; on a chanté une complainte sur sa défaite en présence de M. le duc & de madame la duchesse de chartres, on l'a traîné dans un tombereau ; & après l'avoir bien bafoué , on l'a jeté à l'eau dans le bassin du jardin avec toutes les injures , les imprécations que se peut permettre dans sa frénésie la populace grossiere. On a été surpris que leurs altesses autorisassent chez elles un spectacle aussi indécent.

9 *Août* 1778. La faculté de médecine est toujours dans des transes à l'occasion de la société royale de médecine , sa rivale , dont le

crédit fe manifefte de plus en plus ; cependant elle a remis fes réflexions fur les lettres-patentes qu'avoit obtenues cette derniere , entre les mains de M. le garde-des-fceaux , & ne défefpere pas de triompher , tant qu'elles refteront fans enrégiftrement. Elle a encore reçu un défagrément bien fenfible : elle fe propofoit de rendre un décret comminatoire contre ceux de fes membres qui , par une lâche perfidie , abandonneroient fes intérêts & étoient entrés dans la fociété royale ; il étoit queftion de les inviter à rentrer dans fon fein , à peine d'une exclufion abfolue. M. de Laffone a eu le crédit de prévenir ce coup par un arrêt du confeil fignifié au doyen , qui lui défend de laiffer donner fuite à la délibération fufdite. Du refte, il eft défendu plus févérement que jamais à la faculté de rien faire imprimer de relatif à cette querelle.

10 *Août* 1778. C'eft le lundi 17 que doit s'ouvrir la *foire Saint-Laurent* , & la police a en conféquence rendu une ordonnance concernant ce qui doit être obfervé pendant la tenue de cette foire.

11 *Août* 1778. L'académie Françoife a décidément renvoyé l'élection du fucceffeur de monfieur de Voltaire à un temps très-éloigné , c'eft-à-dire, qu'elle n'aura guere lieu qu'au mois de novembre ou de décembre. Elle efpere d'ici là avoir quelque fatisfaction fur le fervice qu'elle defire faire faire pour le repos de l'ame de ce grand homme : elle a députe vers M. le comte de Maurepas à cet effet , qui fans rien promettre de pofitif , a paru difpofé à s'y prêter quand la premiere fermentation feroit paffée.

11 *Août* 1778. On regrettoit fort qu'un tableau fur bois de Valentin, repréfentant la naiffance de la Vierge, qu'on voyoit aux jacobins de la rue Saint Jacques, fut dégradé au point d'être devenu méconnoiffable.

Le fieur Dubuquoy s'eft offert de le reftaurer, ou pluôt de détacher la peinture du bois pour la remettre fur toile ; de conferver exactement toutes les parties du deffin, & de faire revivre les couleurs ; ce qu'il a exécuté en moins de trois mois. On propofe aux amateurs de l'aller voir, & d'admirer le talent de ce jeune artifte.

13 *Août* 1778. On a fait une gravure politique, caricature dans le goût Anglois, où le commerce de cette nation eft repréfenté fous l'emblême d'une vache, dont un Boftonien fcie les cornes ; un Hollandois joyeux deffous la traie ; un François en profite & remplit fon vafe de lait ; un Efpagnol indécis femble en vouloir avoir quelque chofe, mais dans un vafe beaucoup plus petit. On voit dans la partie fupérieure, à droite, la ville de Philadelphie ; un vaiffeau (*l'aigle*) eft dans le port, où il fait naufrage : ce qu'on remarque par fes manœuvres brifées, fes voiles déchirées, fes mâts rompus. Dans la ville les deux freres Howe font à table, & dorment fans avoir aucun fouci de leur flotte & de leur armée.

Plus bas eft un Anglois dans la plus profonde trifteffe : un dogue, qui défigne fans doute la force de la nouvelle république, attaque le lion défarmé & qui eft fans vigueur pour fe garantir de fes morfures, & s'en venger.

Il eft furprenant que cette eftampe, injurieufe

non-feulement aux Anglois, mais où l'Efpagne joue un pietre rôle, fe vende ici publiquement, & fans doute avec l'aveu du miniftere.

14 Août 1778. On a donné hier au théatre lyrique pour quatrieme intermede qu'exécutent les *bouffons*, *il curioso indiscreto*, ou *le curieux indiscret*, opéra bouffon en trois actes du fieur Pafcal Anfoffi. On a pu comparer la mufique avec celle de Piccini, de Pergolefe & de Paéfiello.

15 Août 1778. On n'a pas manqué de plaifanter monfieur le duc de Chartres fur fes exploits maritimes, fur fon retour à Paris, fur fon oftentation de fe montrer à l'opéra, & fur la fotte admiration dont l'ont accueilli les badauds : ce vaudeville, un des meilleurs faits depuis long-temps, où l'on retrouve le fel de nos anciens & toute la gaieté Françoife, a été fort accueilli à la ville & même à la cour : on fait que M. le comte de Maurepas, qui aime la raillerie & la fouffre, l'a goûté beaucoup & l'a entendu chanter à fa table en petit comité. Il eft fur un air très à la mode au retour du parlement, *les Revenants* : en forte que cet air même fait épigramme. L'auteur s'adreffe à fon alteffe féréniffime :

Vous faites rentrer notre armée,
L'Angleterre, très-alarmée,
Vous en louera :
Et vous joindrez à ce fuffrage
Les lauriers & le digne hommage
De l'opéra.

Quoi ! vous avez vu la fumée ?
Quel prodige ! la renommée
Le publiera :

Revenez vîte, il est bien juste
D'offrir votre personne auguste
　　A l'opéra.

Tel cherchant la toison fameuse,
Jason sur la mer orageuse
　　Se hasarda :
Il n'en eut qu'une, & pour vos peines
Je vous en promets deux douzaines
　　A l'opéra.

Chers badauds, courez à la fête :
Parmi vous criez à tue-tête
　　Bravo ! Brava !
Cette grande action de guerre
Est telle qu'il ne s'en voit guere
　　Qu'à l'opéra.

Grand prince, poursuis ta carriere,
Franchis noblement la barriere
　　De l'opéra :
Par de si rares entreprises
A jamais tu t'immortalises
　　A l'opéra.

15 *Août* 1778. L'arrêt intervenu sur partage d'opinions le 10 mai 1777, en accueillant la fin de non-recevoir opposée par les libraires, aux différentes demandes du sieur Luneau, l'a placé dans la classe des 4,000 souscripteurs ou environ de l'encyclopédie ; il a jugé que volontairement obligé à prendre pour 980 livres un exemplaire complet de l'ouvrage, il s'efforçoit, contre toute raison, de se soustraire à la loi de son engagement par des demandes en resti-

tution, auſſi dénuées de fondement qu'injurieuſes.

Tel eſt le début d'un nouveau mémoire de libraires aſſociés à l'encyclopédie ayant pour titre: *Dernier état des chefs à juger en inſtance, &c.*; il eſt de Me. Serpaud. Il reſtoit à ſtatuer ſur la demande des ſouſcripteurs intervenus & ſur les dépens, dommages & intérêts que le ſieur Luneau & les libraires demandoient reſpectivement en réparation des calomnies dont ils s'accuſoient: l'affaire, toujours à la grand'chambre, étoit cette fois au rapport de l'abbé de Malezieu.

Les libraires, dans leur diatribe, prétendent que les intervenants ne figurent dans la conteſtation qu'à l'ombre des billets de garantie que leur a donné le ſieur Luneau. Ils lui reprochent d'avoir répandu, un mois après l'arrêt de partage, une lettre datée du 13 juin, circulaire, accompagnée d'un certificat à obtenir de la bienveillance des ſouſcripteurs de province, contenant une multitude de griefs contre l'arrêt, une ſortie odieuſe ſur l'intégrité & la vigilance du miniſtere public, une déclamation réchauffée des différents libelles diſtribués depuis huit ans par cet adverſaire infatigable dans ſa méchanceté. Ainſi, d'une part, étant démontré que le ſieur Luneau eſt leur véritable & ſeul adverſaire, ils ne doutent pas qu'ayant déja ſuccombé en ſon nom, il ne ſubiſſe le même ſort en la perſonne de ſes prête-noms; & de l'autre, ayant réfuté les calomnies de cet accuſateur par des éclairciſſements ſur les emballages & ports, ſur les planches & ſur tous les détails de leur manipulation; ils s'attendent à la justice la plus complete & la plus glorieuse.

Le paragraphe sur les emballages est ce qu'il y a de plus curieux dans cet écrit : on y voit que l'encyclopédie de plus en plus mémorable par les orages qui l'assaillirent en 1759, conserva des protecteurs également zélés & puissants, & que le gouvernement même en paroissant la proscrire en favorise la continuation & le débit, mais avec un très-grand mystere.

16 *Août* 1778. M. Luneau, toujours actif & courageux, ayant reçu le 7 août le mémoire des libraires, c'est-à-dire, peu de jours avant le jugement à intervenir, a ramassé ses forces & a fait un mémoire en réponse, où ramenant la cause à son point de vue actuel, savoir s'il a calomnié le sieur le Breton, il prouve qu'il a été forcé de faire, de dire & d'écrire tout ce qu'il a fait, dit & écrit ; qu'ayant son propre honneur à venger, il ne pouvoit se laver qu'en dévoilant la turpitude de ses adversaires.

Malgré sa vigoureuse défense, M. Luneau a perdu la semaine derniere, il a été condamné aux dépens, &c. ainsi que les parties intervenantes déboutées de leurs prétentions.

17 *Août* 1778. La *complainte des Barmécides*, pantomime farce, a eu plus de succès infiniment que la tragédie, malgré l'affectation de M. de la Harpe à regarder ses 11 représentations comme un triomphe. Il a fait imprimer cette piece, & l'a dédiée à un certain comte de Schowalow, Russe, qui avoit la bonhommie à chaque fois où la recette au dessous de 800 livres menaçoit le poëte de voir les *Barmécides* tomber dans les regles, d'envoyer un supplément qui prévînt ce malheur.

Quant

Quant à la complainte, c'est une critique très-détaillée, très-juste, très-exacte de la tragédie sur laquelle elle est calquée presque scene par scene. Il faut avouer qu'on a chargé la caricature d'une maniere bien méchante, qu'on y couvre l'auteur d'un ridicule dont l'auroit dû préserver son titre de membre de l'académie Françoise, & que depuis la comédie des *Philosophes* & celle de *l'Ecossoise*, on n'a pas vu au theatre rien d'aussi licentieux. La *Lanterne magique* est pour désespérer l'amour-propre le plus aveugle & le plus imperturbable; on y fait passer en revue en tableaux les reconnoissances multipliées, les caracteres vicieux de l'ouvrage; dans d'autres on y fait des additions, des inepties, des mauvais vers, des pensées fausses; enfin dans les derniers, par des especes de quatrains, on tire à bout portant sur l'auteur & même sur son moral, qui n'est pas peint en beau.

Le tout se termine par l'enterrement du fils d'*Aaron*, le seul mort de la tragédie, & par celui de la tragédie même, ainsi que de tous les instruments qui ont servi à la pantomime farce. Une harpe y figure, & l'actrice qui la tient ne voulant pas souffrir cette insulte à son instrument, il se brise & l'on jette les fragments dans la fosse, d'où l'on souhaite qu'il ne ressorte rien. *Requiescat in pace.*

17 Août 1778. Tandis qu'à Paris on persifle M. le duc de Chartres sur sa prétendue victoire remportée dans le combat naval d'Ouessant, nos ports retentissent de chansons à sa gloire & à la gloire du ministre : en voici une faite à Bordeaux par le fils d'un négociant nommé

Péricy ; elle est sur l'air, c'est la fille à Simonette :

 Ecoutez bien la nouvelle
 Que je vais vous raconter,
 Le récit est très-fidele,
 Vous pouvez tous y compter ;
 Il s'agit de notre gloire,
 De valeur & de succès ;
 Dès qu'on parle de victoire
 Ça regarde les François.

 D'Orvilliers hors de la Manche,
 Arboroit depuis long-temps
 Pavillon & flamme blanche
 Entouré de brave gens.
 Keppel paroît, on le pique ;
 Animé par le dépit,
 Il va comme un hérétique
 Attaquer le Saint-Esprit.

 Aifément on imagine
 Qu'en voyant ce furibond,
 Le Saint-Esprit l'illumine
 D'une nouvelle façon ;
 D'Orléans qui vient combattre
 Faisant pointer ses canons,
 Se bat comme un Henri-Quatre ;
 C'est l'usage des Bourbons.

 D'Orvilliers qui par-tout veille
 Chauffe l'Anglois amiral,
 Qui baisse bientôt l'oreille
 Devant l'affreux bacanal.

Que faire ? à quoi se résoudre ?
Il se sauve au fil de l'eau,
Disant qu'il a vu la foudre
Embraser tout son vaisseau.

Poursuivant ce téméraire,
Nos trois braves généraux
Sur les côtes d'Angleterre
On fait briller leurs fanaux ;
Keppel, en ruse fertile,
A bientôt su leur prouver
Qu'un marin vraiment habile
Sans fanaux peut se sauver.

Sartine accourt de Versailles,
La joie étoit dans son cœur ;
Louis apprend la bataille
Avec le nom du vainqueur ;
Quel doux transport d'elégresse
Produit cet exploit fameux !
Tout lui plaît, tout l'intéresse
Dans ses sujets valeureux.

D'un avenir bien sinistre,
Je vois l'Anglois menacé ;
Laissons faire ce ministre,
Il a si bien commencé !
Avant la fin de la guerre
Il fera, je le prédis,
La police en Angleterre,
Comme il l'a faite à Paris.

17 Août 1778. *Mémoire pour le jeune comte de Fabroni, comte perpétuel de l'empire of-*

ficier au régiment de Lorraine infanterie, plaignant.

Contre le sieur Sagui, ci-devant officier au même régiment, accusé.

Il s'agit dans cet écrit d'une des accusations les plus affreuses pour un homme d'honneur, d'une accusation de vol. Des ménagements dont on ne peut concevoir le motif, ont fait répandre dans le récit du fait très-intéressant une obscurité sur certains endroits, & des réticences qui désolent à la lecture.

Cette affaire commence en 1774; elle a d'abord été instruite pardevant les officiers municipaux de la ville de Dunkerque, & est pendante actuellement au conseil supérieur d'Arras.

La tournure de ce mémoire à consulter le fait connoître dans ce pays-ci : c'est un Me. Jamme avocat, qui, par une délibération du 17 juin, estime que le sieur de Fabroni est complétement justifié du soupçon, aussi odieux qu'absurde, hasardé contre son honneur, & dans le fait & dans le droit; cependant il reste toujours décrété d'ajournement personnel, ce qui n'indiqueroit pas que les juges vissent de même. Le véritable auteur de ce mémoire est M. de la Dixmerie.

17 *Août* 1778. Il paroît une lettre imprimée fort rare, d'un anonyme *aux auteurs du Journal de Paris*. Elle est datée du 13 juillet 1778; elle roule sur la mort de Jean-Jacques Rousseau; & en contient les particularités. L'écrivain semble avoir pour but de réfuter tous les bruits qui ont couru à l'occasion de cet événement singulier, & de justifier le grand homme mis mal-à-propos au rang des philosophes du jour,

c'eft à-dire, de ceux qui n'ont aucune raifon ni créance.

Certaines gens ne trouvent pas que le défenfeur ait rempli fon objet par les circonftances de l'accident de Jean-Jacques, par fes propress paroles, & le genre de douleurs dont il fe plaint, par la certitude qu'il a de fa fin prochaine; ils en inferent, au contraire, une fuite de preuves qu'il s'eft empoifonné, & ne peut être péri de l'apoplexie féreufe énoncée au procès-verbal.

A l'égard de fes propos, ces mêmes critiques eftiment qu'on pourroit très-aifément les regarder comme ceux d'un déifte, d'un matérialifte ou même d'un athée; ils y obfervent en outre un amour-propre exceffif, & bien contradictoire avec la maniere dont Rouffeau parle de lui-même dans fa préface.

Ces réflexions cauftiques n'empêchent pas qu'il n'y ait beaucoup de naturel & d'onction dans les phrafes entrecoupées du moribond caufant avec fa femme, & qu'on ne life avec attendriffement tout ce récit, quelque puéril & minutieux qu'il foit.

18 *Août* 1778. M. de Caze, fils du fermier-général, eft un jeune maître des requêtes, amoureux fou de Mlle. Le Fevre, actrice des Italiens, femme du fieur Dugazon de la comédie Françoife. Pour mieux couvrir fon jeu, jouir plus à fon aife de l'une, il avoit préfenté l'autre chez fon pere. On fait que cet acteur eft grand farceur, même en fociété, & le jeune magiftrat & lui faifoient fouvent des parades pour amufer la compagnie & les maîtres de la maifon. On ne fait comment le fieur

Dugazon s'est douté des motifs de son introduction dans cette famille & du bon accueil qu'il y recevoit. La jalousie s'est emparée de lui, & pour avoir une preuve complete de l'infidélité de sa moitié, un matin il s'est introduit dans l'appartement du jeune Caze, a fermé les portes, &, le pistolet sur la gorge, l'a forcé de lui rendre les lettres & le portrait de mademoiselle le Fevre. Il s'en est allé après cette expédition. M. Caze, revenu de sa frayeur & le suivant sur l'escalier, criant à l'assassin ! au voleur ! qu'on arrête ce coquin !... Dugazon, sans s'effaroucher, ni sans précipiter son pas, répond avec un grand sang froid, *à merveille, bien joué, la scene est excellente ; les domestiques y seroient pris s'ils n'étoient accoutumés à nos farces....* Avec ces propos il gagne la porte, & laisse les valets incertains si c'est une comédie ou non.

Il y a quelques jours qu'après la comédie Italienne, M. Caze se trouvant sur le théatre, Dugazon l'apperçoit, laisse s'écouler la foule, & dans un moment où personne ne le regardoit, il applique *presto* un ou deux coups de canne sur les épaules du maître des requêtes, puis se remet en posture: M. Caze se retourne, voit son rival, fait des menaces ; on ne sait ce que cela veut dire ; on approche, Dugazon, sans se déconcerter, lui demande qu'il s'explique, si c'est une parade qu'il veut jouer encore ? Le magistrat perdant la tête de rage, lui répond qu'il est un assassin qui vient de lui donner des coups de canne. L'acteur le persifle, prétend que cela n'est pas possible, qu'un histrion comme lui n'auroit jamais cette effronterie ; bref, n'y ayant pas de témoins, cela n'a pas d'autres suites. Jusqu'à présent il n'y a guere de quoi rire : mais ce qu'on ne pardonne pas au sieur Dugazon, c'est que s'enhardissant du succès de son rôle dans les deux positions critiques où il s'étoit trouvé, & de l'imbécillité du robin, il s'est vanté du tout, & pincipalement des coups de canne dans différents soupers, & en présence de beaucoup de spectateurs. Cela révolte les honnêtes gens, & l'on voudroit que le sieur Dugazon fût puni.

18 *Août* 1778. La foire St. Laurent s'est ouverte hier avec toute la solemnité qu'exigeoit sa longue clôture. Le sieur l'Ecluse s'y est signalé par son spectacle, où M. le lieutenant de police a assisté, & a recueilli la dose d'encens que lui devoit ce directeur.

19 *Août* 1778. *Elisabeth Lescop*, condamnée à mort à Rennes par jugement rendu le 30 juin 1774, au rapport de messire Duroscouet, commissaire pour l'exécution de ce même jugement, conseillée par l'exécuteur, déclara qu'elle se croyoit enceinte : on fut obligé de surseoir, & profitant de cet intervalle elle obtint des lettres-patentes qui renvoyerent au parlement de Rennes la revision de son procès, dont il résulta son renvoi hors d'accusation, par arrêt du 15 juillet 1777.

Par le même arrêt du parlement, faisant droit sur les conclusions du procureur-général, ordonna que le sieur Duroscouet fût ajourné à comparoir en personne. Sa contumace nécessita une conversion en décret de prise-de-corps ; & cette affaire est encore pendante au parlement.

Elisabeth Lescop reproche à ce magistrat de

s'être refusé à recevoir le testament de mort de deux des accusés, qui, condamnés à périr & prêts à être exécutés, après leur confession avoient fait des déclarations à la décharge de la plaignante, & même de Marie Lescop sa sœur, condamnée avec eux, à son rapport ; qu'ils l'avoient conjuré, pressé de faire rédiger ces déclarations sacrées pour la décharge de leurs propre conscience, & qu'il s'y étoit refusé durement, obstinément, &c.

On voit le récit de ce fait atroce dans une consultation du 23 juin 1777, signé *Legouvé*, *Maultrot*, *Du Ponchel*, *Hutteau*; & l'on attend la justification annoncée du sieur Duroscouet. Il est bien à souhaiter qu'on fasse un exemple éclatant de ce magistrat prévaricateur.

10 *Août* 1778. Il court dans le monde sur l'affaire des sieurs de Queyssat deux lettres bien singulieres, l'une du maréchal de Broglie au garde-des-sceaux, en date du 24 juillet, & l'autre *réponse du garde-des-sceaux au maréchal*, datée du 27.

Par la premiere le maréchal s'intéressant vivement aux trois freres, dont l'un lui a, dit-on, sauvé la vie, témoigne sa douleur au chef suprême de la justice sur leur sort, & le consulte pour savoir si l'arrêt du parlement, n'ayant pu être cassé au conseil, déshonore les coupables aux yeux de la loi ?

M. de Miromesnil décide affirmativement que non, & croit que les sieurs de Queyssat se trouvent ainsi blanchis par sa décision. Le résultat, au contraire, de ces deux épîtres est de jeter beaucoup de ridicule sur le maréchal & le garde-des-sceaux, qui malgré leur dignité & leur zele ne peuvent commander à l'opinion publique : on a affecté de les consigner dans le *Journal de Paris*, & sans doute elles seront insérées dans les autres gazettes & écrits périodiques.

21 *Août* 1778. On prétend que la reine a singuliérement annoncé au roi la certitude de sa grossesse, " Sire, lui a-t-elle dit, je viens vous demander justice contre un de vos sujets qui m'a violemment insultée „ ... Le roi, ému du ton sérieux de sa majesté, s'est empressé de la faire expliquer : « oui, sire, a-t-elle continué, » il s'en est trouvé un assez audacieux, le dirai-je ? pour me donner des coups de pieds dans le ventre. » Alors son auguste époux a compris le calembour, & en a ri de bon cœur.

Quoi qu'il en soit, voici des vers composés à ce sujet :

Avec trop de lenteur s'annonçoit à nos vœux
L'auguste rejeton que nous donnent les cieux ;
 Mais le récit d'une victoire
 A paru l'animer soudain ;
 N'en doutons pas c'est un dauphin :
Dès l'instant qu'il respire, un Bourbon sent la gloire.

21 *Août*. Le parlement s'occupe toujours de l'affaire des protestants. M. Dionis Duséjour & M. d'Eprémesnil sont les plus ardents à sa poursuite. On connoît le zele du dernier, contre lequel sa compagnie est en garde ; quant à l'autre, c'est un philosophe froid sur toutes les matieres publiques ; en sorte que ses confreres ont été surpris de le voir prendre feu en cette occasion ; & comme Il passe pour un homme

pen croyant, le parti janséniste n'est pas moins disposé à le contrarier. Il n'y a pas d'apparence que les comités qui se tiennent à ce sujet chez le premier président, concluent rien avant les vacances. En attendant on a fait répandre dans le public une brochure composée dans l'esprit qui dirige aujourd'hui le gouvernement. Elle a pour titre: *Dialogue sur l'état civil des protestans en France*, & ne se vend que sourdement, pour ne pas trop scandaliser nosseigneurs du clergé, contre lesquels elle est spécialement dirigée.

21 *Août* 1778 Les nouveaux arêts du conseil du 30 août dernier, concernant la librairie, restent en vigueur malgré les réclamations sans nombre auxquelles ils ont donné lieu. On voit même un arrêt du conseil du 30 juillet, où le législateur s'applaudissant du suffrage de l'académie Françoise dans ses réflexions présentées à ce sujet, a égard à quelques-unes des objections de cette compagnie, & interprete en conséquence certains articles.

Un nommé Alemand, libraire de Marseille, ayant manqué à un inspecteur de la librairie, sa majesté l'a interdit de ses fonctions pour punition, par arêt du conseil du 1 août.

En un mot, M. le Camus de Neville soutient M. le garde-des-sceaux de son mieux, & l'excite à tenir ferme & à user de la plus grande rigueur.

Cependant un nouvel orage s'éleve, & l'on voit deux mémoires, l'un du sieur Paucton contre la dame veuve Desaint libraire, & un précis de celle-ci en réponse, par lesquels on juge que les tribunaux vont s'occuper de ces arêts, qui n'étant point revêtus de lettres-patentes, vraisemblablement en seront rejetés.

22 *Août* 1759. Voici les couplets que la troupe des associés a fait chanter à l'ouverture de son théatre, pour célébrer le lieutenant-général de police qui l'installoit.

I. COUPLET.

La foire personnifiée chante:

Je revois la clarté du jour,
Et mon cœur se rouvre à l'amour.
Affreuse léthargie !
Je brave ton pouvoir :
Ne crois pas que j'oublie
Le Noir ; vive le Noir !

II. COUPLET.

Mont-d'Or, l'un des acteurs de la piece d'ouverture.

Thémis protege nos essais.
Amis, soyons sûrs du succès ;
Nanteuil (1) daigne y sourire.
Pour nous quel doux espoir !
Ne cessons de redire,
Vive, vive le Noir !

III. COUPLET.

Le Charbonnier, idem.

Le feu qui nous brûle en ce jour
Vaut mieux que stila de l'Amour ;

(1) Le gendre de M. le Noir.

Si la reconnoissance
Devient nos premier devoirs,
Le cœur fait dire d'avance
Vive, vive le Noir !

IV. COUPLET.

La Poissarde, idem.

Des ribans que j'aimons le mieux
Pour nous parer sont d'ribans bleus.
Si Jerom' veut me plaire,
Si Jerom' veut m'avoir,
Je voulons qu'il préfere
Les Noirs, vive le Noir !

V. COUPLET.

Deuxieme Poissarde.

Je n'oublirons jamais que c'est l'y
Qui nous a fait r'venir ici :
Le portrait de sa ressemblance
Cheux nous voulons l'avoir,
J'ons dans le cœur sa présence,
Vive, vive le Noir !

22 *Août* 1778. M. Luneau a profité de l'occasion de publier son mémoire pour répandre en même temps, sous prétexte d'addition aux pieces justificatives, *Mémoire sur une société typographique qu'on pourroit établir à Paris, laquelle se chargeroit de faire imprimer, pour le compte seulement des gens de lettres, les ouvrages qui mériteroient cette distinction, & qui consacreroit ensuite à leur bien-être le produit*

tout entier qu'on retireroit du débit de ces impressions.

Le projet est fort simple & avantageux à tout le monde.

1°. M. Luneau pose pour principe que la vente d'un livre produit presque toujours le double des avances de l'impression, c'est-à-dire, cent pour cent.

2°. C'est sur ce gain que la compagnie, après s'être remboursée de ses frais, de ses intérêts & d'un dividende en sus qu'il estime à trois pour cent, donneroit un tiers du bénéfice restant à chaque auteur, & placeroit les deux autres tiers en contrats.

3°. L'homme de lettres qui auroit donné lieu à une pareille constitution, en jouiroit durant sa vie.

4°. On préleveroit sur la totalité de la masse de ces rentes, un dixieme destiné à faire des pensions aux jeunes littérateurs, dont les talents prématurés mériteroient des secours.

5°. Le protecteur de cet établissement disposeroit de toutes les rentes vacantes par la mort de ceux qui en auroient joui, en faveur des personnes qui auroient bien mérité de la république des lettres, même des femmes & enfants des auteurs morts dans l'indigence.

6°. Nulle gêne à cet égard; les gens de lettres qui préféreroient de faire imprimer & débiter par eux-mêmes, le pourroient comme de coutume.

7°. Il découleroit de cette institution une quantité d'avantages pour la perfection des lettres, que la réflexion fait sentir & qui seroient trop longs à discuter ici.

8°. Enfin, il répond à cette objection misérable, *ce projet ruinera les libraires* : il assure que les libraires seront toujours ce qu'ils ont été, les organes matériels destinés à transmettre au public les richesses de la république des lettres, soit par l'impression, soit par la vente, qui leur resteront affectés.

On ne peut nier que ce *Prospectus*, qui pourroit être encore plus clair & mieux rédigé, ne soit séduisant & propre à affecter un chef de la librairie, comme M. *le Camus de Neville*, jeune magistrat, plein d'ardeur & ami des nouveautés capables de l'illustrer dans son département.

22 *Août* 1778. Le sieur Paucton est auteur d'un ouvrage intitulé : *Métropologie, ou traité des mesures, poids & monnoies de l'antiquité & d'aujourd'hui.* Il s'est arrangé avec la veuve Desaint, & lui a cédé la propriété de son manuscrit faisant un volume in 4°., moyennant une somme de 1,200 livres payables à certaines époques.

Le traité est du 13 septembre 1777. L'arrêt du conseil sur la durée des privilèges en librairie, quoique daté du 30 août précédent, n'a été connu des libraires & du public que le 22 octobre suivant, jour où il fut apporté par monsieur le lieutenant de police à la chambre syndicale, & transcrit en sa présence sur les registres de cette chambre.

Le sieur Paucton se prévalant de son traité toujours valable aux yeux de la loi, puisque l'arrêt du conseil n'est pas enrégistré, en poursuit l'exécution au présidial ; la dame Desaint s'appuyant au contraire de l'arrêt du conseil, demande que le sieur Paucton soit débouté aux offres qu'elle fait de remplir son engagement, *aussi-tôt qu'on lui assurera une propriété libre, perpétuelle & incommutable, telle que celle qui fait la base dudit traité*

En conséquence Me. Agier, avocat du sieur Paucton, déclame violemment, à l'occasion de cet arrêt, & répete tous les arguments spécieux qu'on a déja fait valoir contre un acte de despotisme aussi marqué.

Me. Camus, l'avocat de la veuve Desaint, se réduit à un dilemme bien simple : ou le sieur Paucton a promis ce qui n'étoit pas en son pouvoir, & en ce cas le traité est nul ; ou il fera juger qu'il a faculté d'exécuter l'engagement qu'il a contracté, & c'est ce que demande uniquement sa cliente.

Cette cause bien propre à jeter du ridicule, de l'odieux & du mépris sur l'ouvrage de M. le *Camus de Neville* le déterminera sans doute à engager M. le garde-des-sceaux à ne point la laisser à la décision des juges ordinaires & à la faire évoquer au conseil.

23 *Août* 1778. Il s'éleve de toutes parts de petits spectacles dans les environs de Paris, comme pour entretenir l'oisiveté du peuple & fomenter la corruption des mœurs ; car, quoiqu'en aient dit les défenseurs du théatre, c'est l'effet qu'il produit sur-tout dans le genre en question. M Bertin, trésorier des parties casuelles, favorise une troupe de petits enfants qui s'est installée dans une salle nouvellement construite vis-à-vis du château de la Muette, dans le bois de Boulogne, & elle fleurit sous les auspices de ce crésus, qui se mêle aussi de littéra-

rure. Ils donnent des nouveautés & ont des poëtes à leurs gages : ils jouent même des pieces du théatre François, & ont derniérement exécuté *Nanine*.

24 *Août* 1778. Le préfidial n'ayant point été arrêté par le conseil dans l'affaire du sieur Paucton contre la dame Desain, a jugé comme on l'avoit prévu, & sans aucun égard à l'arrêt du conseil, a conservé la propriété de la femme libraire dans toute l'intégrité qu'elle exigeoit.

On assure que M. le Camus de Neville est furieux, & a dit qu'il apprendroit à ces petits juges du châtelet à respecter un arrêt du conseil.

24 *Août*. M. l'abbé de Luberfac, dont l'imagination travaille fans cesse à inventer des monuments de gloire à élever aux souverains, a composé un dessin en l'honneur de *Catherine II*, impératrice de toutes les Ruffies ; il représente une place publique & un trophée magnifique. Ce dessin colorié a été exécuté par le sieur Preudhomme, peintre d'histoire. On le voit à la bibliotheque du roi.

24 *Août*. Comme le concert ordinaire des Tuileries en l'honneur de la fête du roi ne doit avoir lieu que le jour de faint Louis, qui est en même temps un jour d'opéra, il doit y en avoir un aujourd'hui au Luxembourg pour *monsieur*. Ce sera une sorte d'inauguration de ce palais, une prise de possession publique qu'en fara cette altesse royale.

25 *Août* 1778. Aujourd'hui à la féance publique de la faint Louis pour la distribution du prix, on a répandu dans l'auditoire une épitaphe de M. de Voltaire, dont le buste placé au-dessus du directeur, & le feul qui foit dans la falle,

sembloit le rendre le dieu de l'assemblée, proposé à ses hommages. Cette épitaphe est attribuée à M. de la Place :

> O Parnasse, frémis de douleur & d'effroi !
> Muses, abandonnez vos lyres immortelles :
> Toi dont il fatigua les cent voix & les ailes
> Dis que Voltaire est mort, pleure & repose-toi !

Le buste dont il s'agit, est celui exécuté par M. Houdon peu de temps avant la mort de l'académicien ; il est d'une grande vérité.

Une innovation non moins extraordinaire & qui doit faire frémir le clergé, c'est que l'académie, dérogeant cette année au réglement par lequel elle avoit arrêté de proposer désormais aux candidats, pour sujet du prix de poésie, quelques morceaux d'Homere à traduire, a choisi un nouveau sujet : c'est *un ouvrage en vers à la louange de M. de Voltaire.* Elle laisse le genre du poëme, & la mesure des vers à l'option des auteurs ; elle desire que la piece n'excede pas deux cents vers.

Le prix devroit être, suivant l'usage, une médaille d'or de la valeur de 500 livres, pour le rendre plus considérable & plus digne du sujet. Un ami de M. de Voltaire a prié l'académie d'accepter une somme de 600 livres, qui, jointe à la valeur du prix, fera une médaille d'or de 1,100 livres.

Non content de cette apothéose littéraire, M. d'Alembert, dans le courant de *l'Eloge de Crébillon*, en parlant de la velléité instantanée du gouvernement de faire ériger un monument à ce grand tragique, a pris occasion de l'anecdote pour ramener monsieur de Voltaire ; il a prédit qu'un jour, sans doute, ce même gouvernement auroit une volonté plus ferme envers un génie qui fait beaucoup plus d'honneur à la nation, non-seulement dans le même genre, mais dans quantité d'autres ; il a dit que déja les étrangers en donnoient l'exemple à la France. Que l'académie ne pouvoit que hâter le moment par ses vœux & ses sollicitations, & se borner à reproduire sa foible image aux spectateurs ; il s'est en même temps retourné vers le buste, le mouchoir à la main & les larmes aux yeux, & l'enthousiasme général, qui s'étoit déja manifesté à l'annonce du prix, & toutes les fois qu'on avoit nommé monsieur de Voltaire, a redoublé, & tout le monde a battu des mains, pleuré, sangloté.

Le sujet du prix proposé, ce buste exalté, & toute la scene jouée par M. d'Alembert, concertée entre les académiciens de son parti, n'avoient pas été approuvés de tous, & l'on a jugé que les prélats & autres membres du clergé continuoient à faire schisme sur ce point, en ce qu'aucun ne s'est trouvé à la séance.

On prétend, au surplus, que l'impératrice des Russies, qui honoroit M. de Voltaire du commerce le plus intime, se propose en effet de lui faire dresser un mausolée dans ses états.

26 Août 1778. Copie de la lettre écrite par l'évêque de Troyes au prieur de Scellieres.

« Je viens d'apprendre, Monsieur, que la famille de monsieur de Voltaire, qui est mort depuis quelques jours, s'étoit décidée à faire transporter son corps à votre abbaye pour y être enterré, & cela parce que le curé de St. Sulpice leur avoit déclaré qu'il ne vouloit pas l'enterrer en terre sainte.

Je desire fort que vous n'ayez pas encore procédé à cet enterrement ; ce qui pourroit avoir des suites fâcheuses pour vous : & si l'inhumation n'est pas faite, comme je l'espere, vous n'avez qu'à déclarer que vous n'y pouvez procéder sans avoir des ordres exprès de ma part.

J'ai l'honneur d'être bien sincérement, Monsieur, votre très-humble & très-obéissant serviteur † Evêque de Troyes.

27 Août 1778. *Réponse du Prieur.*

A Scellieres, 3 juin.

Je reçois dans l'instant, Monseigneur à trois heures après midi, avec la plus grande surprise, la lettre que vous m'avez fait l'honneur de m'écrire en date du jour d'hier 2 juin : il y a maintenant plus de 14 heures que l'inhumation du corps de monsieur de Voltaire est faite dans notre église, en présence d'un peuple nombreux. Permettez moi, Monseigneur, de vous faire le récit de cet événement, avant que j'ose vous présenter mes réflexions.

Dimanche au soir 31 mai, M. l'abbé Mignot conseiller au grand-conseil, notre abbé commandataire, qui tient à loyer un appartement dans l'intérieur de notre monastere, parce que son abbatiale n'est pas habitable, arrive en poste pour occuper cet appartement. Il me dit après les premiers compliments, qu'il avoit eu le malheur de perdre monsieur de Voltaire son oncle, que ce monsieur avoit desiré dans ses derniers momens d'être porté après sa mort à sa terre de Ferney ; mais que le corps qui n'avoit pas été enseveli, quoiqu'embaumé, ne seroit pas en état de faire un voyage aussi long ; qu'il désiroit, ainsi que sa famille, que nous voulussions bien recevoir le corps en dépôt dans le caveau de notre église; que ce corps étoit en marche accompagné de trois parents, qui arriveroient bientôt. Aussitôt M. l'abbé m'exhiba un consentement de M. le curé de saint Sulpice, signé de ce pasteur, pour que le corps de monsieur de Voltaire pût être transporté sans cérémonie; il m'exhiba en outre une copie collationnée par ce même curé de saint Sulpice, d'une profession de la foi catholique, apostolique & romaine, que monsieur de Voltaire a faite entre les mains d'un prêtre approuvé, en présence de deux témoins, dont l'un est monsieur Mignot, notre abbé, neveu du pénitent, & l'autre un monsieur le marquis de la Villevieille. Il me montra en outre une lettre du ministre de Paris, monsieur Amelot, adressée à lui & à monsieur de Dampierre d'Hornoy, neveu de M. l'abbé Mignot & petit-neveu du défunt, par laquelle ces messieurs étoient autorisés à transporter leur oncle à Ferney ou ailleurs. D'après ces pieces qui m'ont paru & qui me paroissent encore authentiques, j'aurois cru manquer au devoir de pasteur si j'avois refusé les secours spirituels dus à tout chrétien, & sur-tout à l'oncle du magistrat qui est depuis 23 ans abbé de cette abbaye, & que nous avons beaucoup de raisons de considérer. Il ne m'est pas venu dans la pensée que M. le curé de saint Sulpice ait pu refuser la sépulture à un homme dont il avoit légalisé la profession de foi, faite tout au plus six semaines avant son décès, & dont il avoit permis le transport tout récemment au moment de sa mort : d'ailleurs, je ne savois pas qu'on pût refuser la sépulture à un homme quelconque mort dans le corps de l'église, & j'avoue que, selon mes foibles lumieres, je ne crois pas encore que cela soit possible. J'ai préparé en hâte tout ce qui étoit nécessaire. Le lendemain matin sont arrivés dans la cour de l'abbaye deux carrosses, dont l'un contenoit le corps du défunt, & l'autre étoit occupé par M. d'Hornoy, conseiller au parlement de Paris, petit-neveu ; par M. Marchand de Varennes, maître-d'hôtel du roi, & M. de la Houilliere, brigadier des armées, tous deux cousins du défunt. Après-midi, M. l'abbé Mignot m'a fait à l'église la préfentation folemnelle du corps de fon oncle, qu'on avoit dépofé ; nous avons chantés les vêpres des morts ; le corps a été gardé toute la nuit dans l'église, environné de flambeaux. Le matin depuis cinq heures tous les ecclésiastiques des environs, dont plusieurs sont amis de M. l'abbé Mignot, ayant été autrefois féminariste à Troyes, ont dit la messe en préfence du corps, & j'ai célébré une messe folemnelle à onze heures avant l'inhumation, qui a été faite devant une nombreuse assemblée. La famille de M. de Voltaire est repartie ce matin, contente des honneurs rendus à sa mémoire, & des prieres que nous avons faites à Dieu pour le repos de fon ame. Voilà les faits, Monseigneur, dans la plus exacte vérité. Permettez, quoique nos maisons ne foient pas foumises à la jurifdiction de l'ordinaire, de justifier ma conduite aux yeux de votre grandeur : quels que soient les privileges d'un ordre, ses membres doivent toujours se faire gloire de respecter l'épiscopat, & se font honneur de soumettre leurs démarches, ainsi que leurs mœurs, à l'examen de nosseigneurs les évêques ; comment pouvois-je supposer qu'on refusoit, ou qu'on pouvoit refuser à M. de Voltaire la sépulture qui m'étoit demandée par son neveu, notre abbé commandataire depuis 23 ans, magistrat depuis 30 ans, ecclésiastique qui a beaucoup vécu dans cette abbaye, & qui jouit d'une grande considération dans notre ordre ; par un conseiller au parlement de Paris, petit-neveu du défunt ; par des officiers d'un grade supérieur, tous parents & tous gens respectables ? Sous quel prétexte aurois-je pu croire que monsieur de Saint Sulpice eût refusé la sépulture à monsieur de Voltaire, tandis que ce pasteur a légalisé de sa propre main une profession de foi faite par le défunt, il n'y a que deux mois, tandis qu'il a écrit & signé de sa propre main un consentement que ce corps fût transporté sans cérémonies ? Je ne sais ce qu'on impute à monsieur de Voltaire ; je connois plus ses ouvrages par sa réputation qu'autrement ; je ne les ai pas lu tous ; j'ai ouï dire a monsieur son neveu, notre abbé, qu'on lui en imputoit de très-repréhensibles, qu'il avoit toujours désavoués : mais je sais d'après les canons qu'on ne refuse la sépulture qu'aux excommuniés, *latâ sententiâ*, & je crois être sûr que monsieur de Voltaire n'est pas dans le cas. Je crois avoir fait mon devoir en l'inhumant, sur la requisition d'une famille respectable, & je ne puis m'en repentir. J'espere, Monseigneur, que cette action n'aura pas pour moi des suites fâcheuses ; la plus fâcheuse, sans doute, seroit de perdre votre estime ; mais d'après l'explication que j'ai l'honneur de faire à votre grandeur, elle est trop juste pour me la refuser.

Je suis avec un profond respect, &c.

28 *Août* 1778. M. Lœuillard, jeune homme qui n'a pas encore dix-neuf ans, est celui dont la piece a été la plus goûtée de l'académie ; le directeur a déclaré que si tout son ouvrage avoit été soutenu comme la fin, il auroit eu le prix. Il est à remarquer que c'est un Américain, & qu'il est peut-être le premier qui soit entré dans une pareille lice.

M. de Murville a eu le second rang, & M. le chevalier de Langeac le troisieme.

On a fait mention avec éloge des trois autres pieces, dont une de M. le marquis de Villette.

28 *Août*. On a commencé depuis peu à découvrir la chapelle de la vierge à saint Sulpice, & les amateurs s'empressent d'aller voir ce beau morceau. On sait que le plafond en a été peint à fresque par le Moine.

29 *Août* 1778. Le premier numéro de la suite des annales de Me. Linguet a enfin paru, à la grande satisfaction de ses amateurs & au rand regret de ses ennemis. On y a d'abord remarqué une épître dédicatoire au roi, qui est la quatrieme à S. M. ; mais celle-ci enchérissant sur les autres, est d'une longueur excessive, & telle que monarque n'en a jamais lu, ni reçu. L'auteur a cru, sans doute, que l'importance de la matiere méritoit cette exception, car il y parle beaucoup de lui

Suit un avertissement trois ou quatre fois

plus long, enfin quelques pages de faits & de nouvelles.

Par une bizarrerie qui accompagne par-tout la deftinée de ce célebre fugitif, on juge à fa façon de s'expliquer fur le lieu où il recommence fon ouvrage, qu'il n'eft pas encore bien fûr d'y refter. Comme il parle de tout cela avec beaucoup d'ambiguité, il faut y fuppléer par ce qu'on a recueilli de fes lettres particulieres.

Il n'a point pu prendre pied ni à Laufanne, ni à Neuchatel, ni à Geneve, ni en aucun endroit des contrées voifines, parce que par-tout on a defiré lui donner un cenfeur, dont il n'a pas voulu.

Il a donc traverfé la France de nouveau & à imaginé de s'établir à Bruxelles; il a été très-accueilli du prince Charles, qui a foufcrit pour quinze exemplaires de fes feuilles, & a engagé toute fa cour à en faire autant; mais il a trouvé encore des contrariétés pour fe fixer ouvertement dans cette ville; il a été réduit à s'établir dans un petit village auprès d'Oftende, où il a monté fon imprimerie. Le fingulier, c'eft qu'avec tout cet appareil il prétend pouvoir refter caché, & dérober à fes ennemis le lieu de fa retraite.

On a par quelques phrafes de fa feuille la confirmation de fon rapprochement des miniftres, qu'il n'ofe encore exalter ouvertement & *nominatim*, mais qu'il commence à célébrer & à aduler fous le mot générique de gouvernement. On juge que ce n'eft que par un refte de honte de part & d'autre, qu'il n'a pas une tolérance ouverte. D'ailleurs, fans doute, on

veut

veut éprouver s'il est capable de résipiscence. Mais s'il a fait la paix avec les ministres, il est toujours en guerre ouverte avec les encyclopédistes, les économistes, les d'Alembert, les Marmontel, les Morellet, les la Harpe, & beaucoup d'autres ; M. le marquis de Villette commence à recueillir sa part de ses injures, & sans doute ce n'est pas pour la derniere fois.

28 *Août* 1778. Malgré le succès prétendu de monsieur de la Harpe, succès dont lui seul parle & que lui seul certifie, on cite un fait bien propre à le réfuter & bien défolant, c'est que les onze représentations de sa tragédie n'ont produit qu'environ 14,000 livres de recette ; c'est que l'avant-derniere représentation n'a pas monté à 800 livres & la derniere à 900 livres ; c'est que le parterre n'étoit garni que de ses partisans, qu'on appelloit *les peres du défert*.

31 *Août* 1778. Le *Dialogue sur l'état civil des Protestants en France*, se passe entre un président du parlement, un conseiller d'état & le curé de Saint........ Par un arrangement assez bizarre c'est le curé qui défend la cause des religionnaires, & soutient que la réhabilitation des protestants dans le corps civil, loin de préjudicier aux intérêts de l'église & de l'état, ne pourroit que contribuer à la gloire de l'une & au bien de l'autre ; le Magistrat, au contraire, veut que ce soit un paradoxe insoutenable, capable de révolter tout François qui sait l'histoire, & d'indigner tout catholique qui sait son catéchisme ; que l'assertion du pasteur est [sur-tout dans la bouche d'un prêtre] une erreur grossiere en fait de politique,

& un blasphême en fait de religion, en ce que la paix du royaume ne pourroit subsister avec des citoyens protestants, & le scandale seroit trop monstrueux de marier des hérétiques sans sacrement.

Le membre du conseil joue son rôle en pesant de part & d'autre les raisons & en les conciliant par une distinction, savoir, qu'il ne s'agit pas que les protestants du quinzieme ou seizieme siecle, mais de ceux du dix-huitieme, décide enfin que ce qui auroit été dangereux à l'égard des premiers seroit très-salutaire à l'égard des seconds.

31 Août 1778. Depuis long-temps on parloit dans ce pays-ci de deux nouveaux volumes, servant de suite à l'*Observateur Anglois*, ou *Correspondance secrete entre milord All'Eye & milord All'Ear*. On n'en pouvoit savoir davantage, parce qu'on assuroit que le ministere avoit donné les ordres les plus séveres pour empêcher leur introduction : rien ne peut arrêter la cupidité industrieuse ; il en a percé des exemplaires qu'on a à force d'argent ; & ceux qui ont lu cet ouvrage, prétendent qu'il y a des lettres sur la marine, sur le ministre de ce département, sur ses opérations, & sur les officiers sous ses ordres, extrêmement piquantes, instructives & donnant à nos ennemis des connoissances qu'ils recueilleront, sans doute, évidemment. Ils attribuent à cette cause l'inquiétude & la vigilance du gouvernement : mais c'est à *Londres* & non à *Paris* qu'il faudroit, si c'étoit possible, en empêcher le débit & la publicité.

31 Août. Me. Linguet a d'autant plus de

peine à se départir de son rôle d'Aretin moderne, qu'il l'a trouvé très-lucratif l'année derniere, & qu'une année de son journal, tous frais faits, lui a rendu 50,000 livres nettes. Son projet étoit de profiter de l'engouement général pour se faire ainsi rapidement une fortune, qu'il bornoit à 300,000 livres: alors il seroit venu les manger paisiblement à Paris. Mais son inaction de quatre mois, & les voyages qu'il a été obligé de faire, lui ont écorné considérablement son petit trésor; en sorte qu'il faut recommencer sur nouveaux frais. Au reste, il auroit les cent mille écus qu'il desire, & un million, qu'on ne croit pas que son caractere turbulent lui permît de goûter la vie qu'il a en perspective; il sera toujours le premier à troubler son propre repos: & comme lui a dit un de ses confreres, *le plus cruel ennemi qu'il ait, c'est lui-même.*

1 *Septembre* 1778. Il faut se rappeller la malheureuse affaire de Bretagne, où deux femmes appellées *Lescop*, furent condamnées au supplice, dont l'une ne l'évita qu'en se prétextant grosse; elle eut ainsi le temps de faire voir son innocence, & connoître la prévarication du rapporteur nommé Roland Duroscouet, qui n'avoit pas voulu entendre le testament de mort des autres accusés, déchargeant cette femme, ainsi que sa sœur exécutée. Ce procès se poursuivoit depuis 1774; enfin il est terminé.

Lettre de M. de Guer, du mercredi 19 *Août, à M. le duc de Rohan-Chabot*.....Nous jugeâmes hier [mardi 18] le sieur Roland Duroscouet; nous le déclarâmes indigne & incapable de posséder jamais aucune place de judicature quelconque : nous le condamnâmes en 300 livres d'amende envers le roi, en 12,000 livres de dommages & intérêts pour la *Lefcop*, & dans tous les frais, tant au conseil qu'au parlement.»

On trouve cet arrêt bien doux ; mais les magistrats ont eu peur que le sieur Durofcouet, étant un des membres voués au Maupeou & de son tripot, auteur du jugement du 30 juin 1774, on ne les accusât, de partialité & de vengeance ; d'ailleurs le sieur Durofcouet est d'une grande maison de Bretagne & tient à tout ce qu'il y a de plus illustre. Tout cela n'excuse point la foiblesse du parlement envers un juge prévaricateur, qui a fait sciemment périr une femme innocente ; c'étoit le cas de la peine du talion, & même d'une plus forte à raison de l'abus d'autorité.

2 Septembre 1778. Les comédiens François donnent demain la premiere représentation d'une piece nouvelle, ayant pour titre l'*Impatient*, comédie en un acte & en vers.

3 Septembre 1778. La petite comédie de l'*Impatient*, jouée aujourd'hui, a été reçue avec beaucoup d'indifférence. Elle est très-médiocre, & ce caractère plus exprimé par les mouvements extérieurs que par les actions, n'est point assez marqué pour produire de l'effet. On la dit d'un monsieur Lanthier débutant, qui n'est pas encore connu, & dont cet ouvrage ne peut donner une grande idée.

4 Septembre 1778. Les volumes 3 & 4 de l'*Observateur Anglois*, embrassent les diverses opérations de l'année 1776, dans XLIII lettres extrêmement variées. On y trouve de quoi satisfaire tous les goûts. On discute dans quelques-unes l'affaire *des Insurgents*, & nos négociations avec eux ; dans quelques autres on parle en effet de notre marine & des nouvelles opérations de M. de Sartines ; ailleurs on résume les ordonnances du comte de Saint-Germain & les changements qu'elles ont occasionés : il s'agit aussi de la magistrature & des grandes questions auxquelles la derniere révolution a donné lieu. Les événements particuliers importants qui se sont passés durant cet intervalle ne sont pas oubliés, & quelques-uns fournissent matiere à des détails amusants, à des dialogues gais &, sur-tout critiques: telles sont les lettres sur *Freron*, sur l'*Académie*, sur l'abbé de *Voisenon*, sur madame *Gourdan*, &c. &c.

4 Septembre 1778. Le ramonage général établi par arrêt du conseil du 22 février 1777, commence à prendre forme & à s'établir en corps, ainsi que différents autres pour différentes parties de la police de Paris déja mis sur pied. Ils ont un uniforme, ils ont des chefs, ils doivent être disciplinés & pourront au besoin être convertis en troupes, même militaires, si le cas le requéroit ; car sous cette apparence de l'utilité publique & d'un service plus sûr, plus prompt & moins dispendieux, on voit que le despotisme prend toutes sortes de formes pour avoir des bras à sa disposition, toujours prêts à écraser leurs concitoyens dans des temps d'alarmes & de troubles.

5 Septembre 1778. Les heureux événements de la guerre des Insurgents, nos alliés, contre l'Angleterre, fournissent de nouveaux sujets à ces caricatures mordantes, par lesquelles nos rivaux nous ont si fort persiflés dans la derniere guerre. On voit aujourd'hui chez nos marchands d'eſtampes, & toujours de l'agrément de la police, *l'Anglois de retour de Philadelphie*, & *la marchande Angloiſe réduite au produit de l'exportation de ſes marchandiſes en Amérique*. Le premier, maigre, décharné, ſec, le bâton blanc à la main, les cheveux plats & mal peignés, eſt dans l'attitude d'un homme obligé de remonter ſes culottes qui ne tiennent point ſur ſes hanches; du reſte, ſon accoutrement miſérable & rétreci, ſa figure allongée, ſon air d'humiliation, & toute l'habitude de ſon corps pouvant ſe ſoutenir à peine, peignent ſa détreſſe. Quant à la femme, ce n'eſt guere dans ſon genre qu'une répétition du premier, & par conſéquent elle ne vaut pas l'autre. On court avec fureur après ces gravures enluminés, propres à amuſer & réjouir les badauds.

7 *Septembre* 1778. Pour dédommager le duc de Chartres de la chanſon ſatirique où l'on le perſifle, en voici une plus flatteuſe : elle eſt intitulée, le *Déjeûner Anglois*. Elle eſt ſur l'air à *Jupin un jour en fureur.*

I.

J'ai ſouvent fait réflexion
Que le matin d'une victoire
Tous les favoris de la gloire
Avoient le ſommeil profond :
Ainſi Condé, tel Alexandre,
   Aux champs d'Arbelle & de Rocroi
   Dormoient dans la bonne foi, *Bis.*
Qu'on devoit les attendre, *Bis.*

I I.

Monseigneur, il faut vous lever,
Dit Foissi (*) chaud comme une braise,
L'amiral de la flotte Angloise
Vous demande à déjeûner.
Quoi ! dit Bourbon, cet hérétique
Vient visiter le Saint-Esprit !
   Par ma foi, sans contredit, *Bis.*
   L'aventure est unique. *Bis.*

I I I.

Qu'on s'apprête à le fêtoyer,
Dit Bourbon à son équipage,
Pour maître-d'hôtel de passage
Je choisis un canonier.
L'amiral arrive & s'étonne
De trouver tout prêt le repas ;
   On traite jusqu'aux goujats, *Bis.*
   Car monseigneur l'ordonne. *Bis.*

I V.

Pour mieux régaler les Anglois,
On joignit à la bonne chere
Un excellent vin de tonnerre
Que Mars fit tirer exprès ;
Les têtes Angloises tournerent
Pour avoir vuidé maint flacon:
   Parbleu ! le vin étoit bon, *Bis.*
   Mais beaucoup en creverent. *Bis.*

---

(1) Nom de l'écuyer de S. A. S.

V.

Keppel rentrant sur son pallier
N'avoit non plus tête fort saine ;
Soit trop de boisson, soit migraine,
Il tomba dans l'escalier:
Pour le remettre dans sa route
Bourbon ordonne en quatre mots,
 Qu'on allume les falots, BIS.
Keppel n'y voit plus goutte. BIS.

7 Septembre 1778. L'objet du théatre du sieur l'Ecluse seroit de ramener le genre poissard & de faire revivre les pieces de Vadé; ce directeur fait lui-même la poissarde avec une grande vérité, mais jusqu'à présent son spectacle a peu de succès.

8 Septembre 1778. Depuis *il Curioso Indiscreto* [le Curieux Indiscret] opéra bouffon en trois actes, musique du sieur Anfossi, le quatrieme joué sur le théatre lyrique, on a affiché pour le cinquieme *la Frescatana*, la paysanne de Frescati opéra bouffon en 3 actes de Paesiello. Deux acteurs nouveaux, *il signor Gherardi*, musicien au service du grand-duc, & *il signor Pinetti*, débuteront dans cette nouveauté.

9 Septembre 1778. Au défaut du sallon de peinture qui n'a pas lieu cette année, les curieux & amateurs vont à l'église de saint Sulpice voir la superbe chapelle de la Vierge. Cette chapelle fut commencée, ainsi que toute l'église, en 1645 par monsieur Olier, curé, fondateur & premier supérieur de la communauté & du séminaire : la reine *Anne* d'Autriche en posa la première pierre le 20 février 1646. Elle a subi divers changements. Meſſonnier en 1733, Servandoni depuis, ont voulu enchérir ſur ce qu'avoit fait Gittard, d'après les deſſins de Gamard, qui en avoit été le premier auteur: les Slootz y ont ajouté, & M. de Wailly vient de réparer autant qu'il a pu les fautes commiſes par ſes devanciers. Voilà pour ce qui concerne l'architecture.

Le plafond peint à freſque par le Moine, avoit été conſidérablement endommagé lors de l'incendie de la foire Saint-Germain; monſieur Callet, jeune artiſte qui a débuté l'année derniere au ſallon, s'eſt chargé de le réparer & d'y ajouter du ſien pour remplir le local vuide, au moyen des changements conſidérables faits dans la forme & la conſtruction de cette chapelle.

La ſtatue de la vierge en marbre, de la façon de monſieur Pigal, étant l'objet principal, tous les autres lui doivent être ſubordonnés; auſſi fixe-t-il par-tout l'attention. On admire la modeſtie, la douceur, la pureté de cette figure, & le jour ménagé d'en haut ſemble lui donner un air tranſparent & céleſte qui en caractériſe la béatitude, mais dérobe un peu les traits à l'obſervateur.

10 *Septembre* 1778. *L'ombre de Voltaire au curé de ſaint Sulpice, par un Genevois.* Tel eſt le titre d'une piece en vers en l'honneur de ce grand poëte, où l'on mal-mene furieuſement & le paſteur & le clergé; on l'apothéoſe, malgré les prêtres. Il y a de la facilité dans la verſification, de la philoſophie dans les diſcours qu'on fait tenir au perſonnage, cenſé

E 5

écrire au curé ; & c'est pour mieux observer, sans doute, le costume, que l'auteur s'est permis de prendre plusieurs pensées & maximes de morale qu'on retrouve en cent endroits des œuvres de M. de Voltaire.

Le clergé, qui n'avoit pas besoin de ces injures pour exciter sa fureur contre les manes de ce coryphée de l'impiété, a été très-piqué du sujet choisi par l'académie, & se remue pour le faire changer.

10 *Septembre* 1778. Les lettres-patentes que sollicitoit la société royale de médecine, & à l'enrégistrement desquelles s'opposoit la faculté, ont cependant été reçues & admises par le parlement ; on y a mis quelques adoucissements propres à les rendre moins désagréables à ce corps antique.

11 *Septembre* 1778. Il est toujours question d'ôter la manutention de la machine lyrique au sieur de Vismes, à qui l'on a déja soustrait la caisse par arrêt du conseil : on se plaignoit qu'il en dissipoit les fonds & ne payoit pas les sujets. Un autre intrigant veut le supplanter & est bien propre à le faire, c'est le sieur de Beaumarchais.

12 *Septembre* 1778. *La Paysanne de Frescati*, malgré beaucoup d'invraisemblances, d'absurdités & de choses dégoûtantes, offre cependant une sorte d'intérêt, de curiosité, qui rend ce poëme, quoique d'une longueur excessive, beaucoup moins ennuyeux que les autres. Il y a d'ailleurs plus de mouvement, de vivacité & de chaleur ; les acteurs, en plus grand nombre, en diversifient la scene, & de fréquents changements de décorations procurent le plaisir des

yeux qu'on eſt accoutumé d'éprouver à l'opéra, où tous les ſens doivent être ſatisfaits.

Le ſujet de la piece eſt pris vraiſemblablement de *l'école des femmes* de Moliere, & reſſemble à beaucoup de la même eſpece où une pupille ſe moque d'un vieux tuteur qui l'aime, le dupe & répond à la paſſion d'un autre; tel en eſt le fond, qui ne préſente dans les détails de l'imbroglio rien d'aſſez neuf pour mériter qu'on entre dans un plus grand développement; on obſervera ſeulement qu'il y a dans le dialogue une gaieté, quelquefois légere & ſouvent groſſiere, mais qu'on n'avoit pas encore trouvée dans ces opéra annoncés vainement pour bouffons.

La muſique, extrêmement variée, abondante, riche juſques dans le récitatif, par l'accompagnement, eſt pleine d'effets piquants, agréables & même ſublimes. Ces ariettes ſe ſuccedent & ſe repouſſent merveilleuſement; elles ſont toujours analogues aux tableaux multipliés qu'amenent les ſituations vraiment pittoreſques pour le muſicien.

Cette farce italienne, qui a eu un ſuccès très-ſupérieur aux précédentes, le doit principalement aux deux nouveaux acteurs: le ſieur Gherardi, faiſant le perſonnage du tuteur, a une ſuperbe baſſe-taille, qu'il déploie avec une aiſance ſinguliere; il eſt d'ailleurs mime juſqu'au bout des doigts, & a une phyſionomie heureuſe, parfaitement analogue à ſon rôle. Celui du berger amoureux & chéri, eſt rempli par le ſieur Liperti dont l'ame toute de feu ſe peint ſur ſa figure & dans ſes mouvements. Sa haute-contre nette eſt d'un beau timbre; elle a en outre la douceur & l'onction de la paſſion tendre & ſimple, comme doit être l'amour d'un villageois. Enfin la ſignora Chiavacci, qu'on connoiſſoit déja, a paru mieux placée que jamais dans le rôle de la payſanne. Sa gaieté, ſa naïveté & ſa fineſſe ont tour-à-tour réuni tous les ſuffrages.

Il y avoit peu de monde à la premiere repréſentation de cette piece ; mais il n'y a pas de doute qu'elle n'attire beaucoup de foule à la ſeconde.

Le Ballet d'*Alcimadure*, qui termine, de la compoſition du ſieur d'Auberval, eſt la pantomime de l'opéra de ce nom. On ſait combien il prête aux tableaux folâtres & champêtres. Mademoiſelle Cecile & le ſieur Nivelon y excellent dans les premiers rôles ; les ſieurs Veſtr'Allard, demoiſelles Dorival & Dorothée brillent dans le ſecond grouppe, & completent la gaieté de ce divertiſſement, dont la muſique eſt d'ailleurs vive & danſante.

12 *Septembre* 1778. On avoit commencé un *Journal de Monſieur*, connu ſous le titre de Table générale des Journaux anciens & modernes, contenant les jugements des journaliſtes ſur les principaux ouvrages en tout genre de ſcience, de littérature & d'arts, ſuivis d'obſervations impartiales. Il avoit été interrompu pendant un an : il reparoîtra inceſſamment ſous le nom de madame la préſidente d'Ormoy, & toujours ſous les auguſtes auſpices du frere du roi. Il doit recommencer au 1 octobre.

13 *Septembre* 1778. Depuis que M. le duc de Bouillon a gagné ſon procès, il eſt comme

un enfant : il est venu à l'opéra ; il a revu mademoiselle la Guerre, pour laquelle il a déja fait tant de folies ; & quoiqu'il l'eût quittée pour avoir trouvé son laquais couché avec elle, sa passion s'est rallumée plus fortement que jamais ; il a dit qu'il l'aimoit toujours ; il a voulu passer la nuit avec elle ; & en reconnoissance des nouveaux plaisirs qu'elle lui a procurés, lui a donné mille louis, une bague, un service en porcelaine, &c.

14 *Septembre* 1778. On réduit tout en cours aujourd'hui. Un sieur Bacquoi Guedon, danseur de la comédie Françoise & éleve de Marignon, annonce un *Cours public de Danse*, qui commencera le mois prochain ; il en répand un *Prospectus* détaillé & savamment énoncé : son cours sera divisé en trois parties.

1°. Il traitera du maintien de l'individu, des différentes positions, des attitudes respectueuses, des autres décentes, des attitudes familieres où de protection, en un mot tout ce qui a rapport à l'habitude du corps, depuis qu'on se leve jusqu'à ce qu'on se couche.

2°. Il développera les éléments de la danse, il apprendra à sentir la mesure & à la suivre, il corrigera les oreilles paresseuses ou fausses, & achevera d'enseigner la théorie de son art.

3°. Après tous ces préliminaires, il mettra ses écoliers au menuet, & leur en fera dessiner la figure ; il leur enseignera la maniere de le *phraser*, de le moduler avec des mouvements analogues aux airs : il terminera par les différents pas de contre-danse.

15 *Septembre*. Les lettres-patentes du roi données à Versailles au mois d'août 1778,

portant *Etablissement d'une Société Royale de Médecine*, ont été enrégistrées en parlement le premier septembre 1778.

Dans le préambule fort long, on fait l'éloge de ces sortes de sociétés qui, sans nuire aux corps plus anciens dont elles émanent, par la réunion des personnes les plus savantes & les plus recommandables, pour tenir des conférences entr'elles, afin de perfectionner leurs propres connoissances par la communication de leurs découvertes, & de s'enrichir même de celles des étrangers, en augmentent la gloire & la splendeur.

La nouvelle société sera présidée à perpétuité par le premier médecin du roi. Elle sera composée de trente associés ordinaires, tous docteurs en médecine, & de douze associés libres. Il y aura soixante associés regnicoles, & autant d'associés étrangers. Il y aura trois officiers, un directeur, un vice-directeur & un secretaire.

Les occupations de la société seront, outre les recherches sur les maladies contagieuses des bestiaux, & sur les remedes & moyens propres à les prévenir ou à les arrêter, de constater tous les faits intéressants de médecine théorique & pratique, & essentiellement tout ce qui peut avoir rapport aux maladies épidémiques, & autres qui se répandent quelquefois dans les provinces.

La déclaration du 25 avril 1772, portant établissement de la commission royale de médecine est révoquée, & l'on attribue à ladite société l'examen des remedes nouveaux, tant internes qu'externes, en outre l'examen des eaux médicinales & minérales, &c.

Pour satisfaire aux inquiétudes & plaintes de la faculté, on lui accorde, 1°. que le doyen en charge & le doyen d'âge auront droit d'assister à toutes les séances de la société, & que leurs noms seront inscrits entre ceux des officiers de cette compagnie: 2°. que sur les trente associés ordinaires, vingt seront toujours choisis dans son sein: 3°. que la société nommera tous les ans deux commissaires pour se transporter deux fois l'année à la faculté, & lui faire part des découvertes, recherches ou observations de la société sur les objets qui pourront être relatifs aux progrès de la science: 4°. enfin, que S. M. n'entend rien innover aux honneurs, émoluments, privileges & prérogatives de la faculté, & déclare que les associés ordinaires libres, regnicoles & étrangers, & les correspondants de ladite société, ne pourront, à raison desdites qualités, enseigner ou exercer la médecine dans Paris, qu'ils n'en aient le droit conformément aux ordonnances, &c.

Suit un tableau des membres composant actuellement la société royale de médecine, à la tête desquels on voit *le Roi* protecteur.

19 *Septembre* 1778. Quoiqu'on fasse beaucoup d'éloge du ballet de *Ninette à la cour*, de la composition de M. Gardel, comme ce n'est qu'une pantomime calquée servilement sur la piece de ce nom, on ne peut y admirer aucune invention, aucun trait de génie de l'artiste; & ni celui-ci, ni *Alcimadure*, ni vingt autres de cette espece, ne valent la *Belle au bois dormant*, ballet du même genre exécuté

chez Audinot, mais dont le sujet infiniment riche prête à tout ce que l'imagination peut inventer pour satisfaire le plaisir des yeux ; le premier d'un pareil spectacle, tandis qu'il occupe l'esprit & nourrit le cœur.

17 *Septembre* 1778. Avec les tomes 3 & 4 de l'*observateur Anglois*, il est arrivé ici une seconde édition des premiers, où entr'autres changements on remarque dans le deuxieme une lettre dix-huitieme sur un livre intitulé l'*ombre de Louis XV devant Minos*. On juge par le titre combien elle peut être vigoureuse.

18 *Septembre* 1778. On annonce une brochure sur le conseil, où tous les membres de ce corps sont peints successivement ; ce qui peut donner lieu à d'excellents portraits. Mais la brochure est infiniment rare ; & comme le grand nombre, à commencer par le chef, ont le plus grand intérêt d'en arrêter la distribution, on n'en peut parler encore que sur parole.

18 *Septembre*. L'impératrice des Russies ayant témoigné le desir de faire acheter pour son compte la bibliotheque de M. de Voltaire, on ne doute pas que la famille ne lui fasse le cadeau de la lui envoyer, & de la prier de l'accepter gratuitement.

19 *Septembre* 1778. Le sieur de Beaumarchais, qui sait tirer parti de tout, profite de l'engouement du public pour ses mémoires, &, vraisemblablement, dans l'espoir de les bien vendre dans cette capitale, y en a fait parvenir une quantité considérable d'exemplaires.

On a déja parlé de celui intitulé : *Réponse ingénue de Pierre-Augustin Caron de Beaumarchais, à la consultation injurieuse que le*

(113)

comte Joseph-Alexandre Falcoz de la Blache a répandue dans Aix : mais comme plus connu aujourd'hui à Paris, il a fait une forte senfation; il femble exiger plus de détails fur les morceaux propres à amufer le public.

Dans le préambule, l'écrivain met en fcene un colporteur qui lui apporte un mémoire du comte de la Blache, d'où il réfulte un dialogue de perfiflage entre cet homme & le fieur de Beaumarchais, conféquemment pleine de difcuffions ennuyeufes, & cependant lardée de morceaux oratoires dans le genre d'éloquence du perfonnage bavard, diffus, & ayant l'art de rapprocher de la caufe les chofes les plus étrangeres. On y trouve une définition de la nobleffe, qu'il appelle fa profeffion de foi fur la nobleffe, un morceau d'érudition concernant une ancienne loi des Lombards, une autre hiftorique fur des lettres de Henri IV & de fes miniftres, l'anecdote d'une de fes converfations avec un maître des requêtes de fes juges; on y trouve jufques à une citation de l'apocalypfe, enfin un portrait des deux nations Françoife & Angloife, appliqué aux circonftances.

Il intitule fa feconde partie, *les Rufes du comte de la Blache*; & c'eft ici que, redoublant de farcafmes & d'injures, il fe livre à tout fon talent de dénigrer & de diffamer en fe jouant & en riant. Les endroits remarquables font : le début fur les avantages de la nobleffe & le différent rôle que chacun des deux adverfaires a joué auprès du fieur Duverney; la peinture de la trifte deftinée des vieillards livrés à leurs collatéraux, & une fortie contre les célibataires; tout l'hiftorique reffaffé de la naiffance &

des suites de son procès pardevant les divers tribunaux ; une digression sur la fierté ; un trait d'érudition encore sur une loi de Henri IV ; la confirmation du bruit incroyable qu'il avoit reçu des offres d'accommodement de la part du comte de la Blache, qui, au moment où les parties alloient signer, suivant Beaumarchais, disparoît & se rend à Aix pour gagner les devants ; il n'est pas jusques à la facétie d'Eon qu'il amene, & dont il voudroit tourner en dérision les imputations, afin d'être dispensé d'y répondre. Il termine par une péroraison toujours mêlée de cette onction & de ce persiflage, qu'il amalgame si bien & dont l'art est à lui seul.

Suit une consultation du 17 juin, où les consultants électrisés par ce chaud & plaisant client, deviennent presqu'aussi verreux & aussi ricaneurs que lui, & où, par une emphase monstrueuse, ils font arriver le nom du sieur de Beaumarchais à la postérité & figurer dans nos annales.

19 *Septembre* 1778. Le *conservatoire* nouvellement institué pour former des éleves de la danse propres au théatre lyrique, n'a point ouvert au premier septembre, comme il s'en flattoit : l'argent qui a manqué tout-à-coup aux entrepreneurs a retardé les travaux, & l'on ne sait plus quand ce spectacle commencera ; on y continue toujours les répétitions.

19 *Septembre*. Monsieur de Vismes cherche par toutes sortes de moyens à exciter la curiosité du public ; il a imaginé d'annoncer pour jeudi dernier une nouvelle maniere d'éclairer la salle avec un reverbere : l'exécution n'a point répondu à son espoir. Il a fait la faute capitale

de n'avoir pas consulté le seul homme en état de réussir dans une pareille tentative, le sieur Bourgeois de Châteaublanc, qui, à une grande pratique de son art, joint une théorie profonde, & est non seulement ingénieux méchanicien, mais encore savant physicien : il est fâcheux qu'il soit parvenu à un âge qui ne lui permet plus de continuer ses travaux.

Il faut se ressouvenir que c'est à lui qu'on doit l'illumination actuelle de Paris, dont la confection, l'entretien des lanternes & la dépense du luminaire ne coûtent pas 320,000 livres par an.

21 *Septembre* 1778. Le prétendu extrait du livre intitulé : l'*Ombre de Louis XV devant Minos*, qu'on trouve dans la 18e. lettre insérée au second volume de la seconde édition de l'*Observateur Anglois*, est absolument fictif au gré de ceux qui ont lu la brochure en question : c'est une tournure de l'auteur pour faire passer des choses qui auroient été regardées comme trop fortes & trop hardies, produites directement : c'est un plan absolument neuf de l'ouvrage qui bien rempli, seroit très-intéressant, & dont on donne des esquisses ; on veut au contraire que le livre brûlé fût plat & grossier, sans aucun mérite réel.

21 *Septembre*. On attribue à M. Blin de Saint-Maur l'*Epître de l'Ombre de Voltaire au Curé de St. Sulpice*.

22 *Septembre* 1778. *Le Tartare à la Légion*, tel est le titre du second mémoire du sieur de Beaumarchais ; il l'intitule ainsi parce qu'il prétend que le comte de la Blache traîne à sa suite une foule d'avocats, de procureurs, de solliciteurs,

d'huissiers, de records ligués contre lui. On juge que son adversaire, dans une requête en lacération & brûlure contre le premier mémoire du sieur de Beaumarchais, s'est sur-tout prévalu de l'audace de ce client à se jouer de tout & à citer jusques à l'apocalypse dans son factum. Dans le reste de l'ouvrage, où il revient sur ses premieres discussions, il en veut violemment à Caillard, l'avocat du comte à Paris ; & comme cet avocat est mort, il le traite de la façon la plus indigne & la plus insolente. Pour cette fois il s'oublie, il ne se possede plus, il n'est plus plaisant ; c'est un enragé qui se livre sans mesure à toute sa fureur, & se flatte sans doute que sa dent imprimée sur le cadavre de l'orateur percera jusqu'au client.

Ce mémoire, où il n'y a que peu d'endroits spirituels & fins, ne vaut pas le premier à beaucoup près, & a été enfanté dans l'accès de la passion la plus effrénée.

On sait que ces deux mémoires ont été, suivant l'arrêt du parlement, lacérés par un huissier de la cour, & l'auteur condamné à donner en réparation mille écus aux hôpitaux. On sait que par une fanfaronnade bien digne de l'homme, le sieur de Beaumarchais a dit que ce n'étoit pas assez, & en a envoyé deux mille.

23 Septembre 1778. Tous les amateurs & curieux de livres sont très-fâchés que la bibliotheque de M. de Voltaire passe en Russie ; elle étoit précieuse, non par la beauté des éditions ou la rareté & la singularité des livres, mais par des notes de sa main dont ils étoient tous chargés. On dit que son dictionnaire encyclopédique en avoit à l'infini.

24 Septembre 1778. La sécheresse étonnante qu'il a fait en France, & dans cette capitale depuis plusieurs mois, a fait sentir plus que jamais la nécessité de chercher les moyens de fournir une plus grande abondance d'eau dans la ville de Paris. En conséquence monsieur de Caumartin, le prévôt des marchands actuel, ayant le zele de tous ceux qui entreprennent une administration nouvelle, reçoit avec empressement les différents mémoires qu'on lui fournit sur cet objet. On distingue entr'eux celui d'un Anglois, qui propose une machine à feu, supérieure à toutes celles connues; il l'établiroit à l'isle Louvier, & il prétend qu'il fourniroit de l'eau en profusion à tout Paris pour 20,000 livres par an d'entretien.

25 Septembre 1778. Un faiseur de projet qui suppose que celui de la nouvelle salle de la comédie Françoise n'est pas encore arrêté, fait part du sien au public; on voit que son objet est de faire sa cour sur-tout à *monsieur*: en conséquence il place la salle, en attendant son palais, rue de Vaugirard, à l'ancien hôtel de la Gueriniere; il forme des issues correspondantes à la place St. Michel, & jusques à Ste Genevieve, & il prétend que son plan embelliroit considérablement le quartier en question.

25 Septembre. Le sieur de Beaumarchais se prétend fait pour quelque chose de mieux que pour la direction de l'opéra, & se défend d'en avoir jamais eu l'idée; il monte de mieux en mieux sa maison de commerce, & vise à une fortune considérable.

Les membres principaux de la danse & du chant du théatre lyrique font de violents efforts fous le nouveau prévôt des marchands pour faire casser le bail du sieur de Vismes, & être chargés de la régie à sa place. Ils offrent de déposer 600,000 livres, & dégager la ville des 87,000 livres qu'elle paie par an à l'administrateur. On ne doute pas que tous frais faits une bonne administration ne rendît 40,000 écus de gain & plus. Sans le crédit du sieur Compain, valet de chambre de la reine, le soutien du sieur de Vismes, il y a grande apparence qu'on n'hésiteroit pas à accepter.

25 Septembre 1778. On assure que la démarche du clergé pour s'opposer au projet de l'académie Françoise, qui a proposé l'éloge de monsieur de Voltaire aux candidats, n'a pas eu de succès à la cour ; que monsieur le comte de Maurepas a répondu à la requête des curés de cette capitale, que c'étoit à eux à prier pour le repos de l'ame du défunt, & aux gens de lettres à célébrer son génie & ses ouvrages.

Cette inconséquence du gouvernement est d'autant plus grande, que l'académie de Toulouse ayant donné, il y a quelques années, pour sujet du prix l'*Eloge de Bayle*, dont la naissance fait honneur à la province de Languedoc, il ne voulut pas en permettre l'exécution, & obligea l'académie de changer son annonce. Assurément, M. de Voltaire mort hors du sein de l'église, à qui elle a refusé la sépulture, & dont les ouvrages, sans être aussi remplis de raison & de bon sens que ceux de Bayle, sont cependant plus dangereux par la séduction & le charme du style, ne méritoit pas plus d'exception que cet impie.

Quoi qu'il en soit, si le plan de l'académie

s'effectue, on décerne déja le prix à un monsieur Fontanes, jeune poëte, qui a prévenu l'annonce, & lu son ouvrage devant plusieurs académiciens avec les plus grands applaudissements: seulement il est trop long, & il faudra qu'il l'élague.

17 *Septembre* 1778. Quoiqu'on connoisse depuis long-temps combien les éloges prodigués dans les sociétés particulieres sont trompeurs, on est cependant étonné à la lecture du *Poëme des Mois* de monsieur Roucher, comment on a pu tant exalter cet ouvrage. Il n'est point encore public, mais on en voit des chants imprimés qui confondent les lecteurs, & sur-tout ceux dont l'auteur par son débit avoit surpris l'admiration. Le style en est pur & correct, la rime heureuse & riche; il est plein d'images & de poésie, les vers en sont ronflans & harmonieux, & malgré ces qualités, on ne peut en lire un chant sans fatigue & sans ennui: qu'y manque-t-il donc? Le don de plaire, & sur-tout celui d'intéresser. Il faut attendre, au surplus, qu'il paroisse dans sa totalité pour en juger l'ensemble plus pertinemment.

Chaque chant est accompagné de notes fort longues & fort savantes, qui grossissent le livre de moitié. On y rencontre des choses qui ne sont pas faites pour y être, & qui semblent n'y avoir été mises que pour prolonger; telle est, par exemple, une dissertation sur l'exportation des bleds, insérée dans les notes du premier chant sur le mois de mars; telle est dans celui d'avril une longue tirade de M. Cabanis, jeune poëte âgé à peine de 20 ans, qui a entrepris la traduction de l'Illiade, & en a déja rendu quatre chants : M. Roucher nous en reproduit deux ou trois cents vers, & nous les donne comme dignes de l'original, quoiqu'ils lui foient bien inférieurs.

18 *Septembre* 1778. M. de Vifmes, d'après le confeil qu'on lui a donné, a fait inviter le fieur Bourgeois de Châteaublanc à venir examiner fon reverbere, à le critiquer, & à lui donner fes idées pour en fabriquer un meilleur.

28 *Septembre*. On voit par la lecture de l'ouvrage de monfieur Roucher, que ce poëte eft de la fecte des économiftes ; ce qu'on juge aifément par l'éloge de M. Turgot, inféré à la fin du premier chant : comme il en eft le meilleur morceau, on va le citer ; il vient après celui de Henri IV, qui favoit tout le cas qu'on doit faire des cultivateurs.

Tu le favois auffi, toi qui nous a fait voir
L'ame d'un citoyen au féjour des efclaves ;
Turgot, fage Turgot ! de cruelles entraves
Enchaînoient dans leur courfe & Bacchus & Cérès ;
Quelle main ofera les venger ! Tu parois,
Et foudain je les vois, pour enrichir ton prince,
Librement circuler de province en province.
Le commerce renaît, prend un vol plus hardi ;
Et les moiffons du Nord nourriffent le Midi.
Miniftre de qui Rome eût adoré l'image,
Au nom du laboureur, je viens te rendre hommage ;
Ton éloge en ce jour me doit être permis.
Quand la faveur des rois te faifoit des amis,
Je me fuis tû : mon vers fufpect de flatterie
Eût été vainement l'écho de la patrie,

Mais

Mais lorſque tu n'as plus d'autre éclat que le tien ;
Lorſque de ton pouvoir mon ſort n'attend plus rien,
Je puis libre de crainte, ainſi que d'eſpérance,
Bénir mon bienfaiteur & l'ami de la France.

29 Septembre 1778. Un M. de Montfort qui ſe dit cet ancien officier des deux corps de l'académie & de l'artillerie de ſa majeſté Sicilienne, aujourd'hui ingénieur du duc d'Orléans, & qui s'eſt fait donner l'adjonction de monſieur l'Archer dans la direction des plans du roi à l'hôtel royal des invalides, y a établi depuis un an environ un attelier de voitures de carton : il prétend que ce carton n'eſt pas plus flexible que le bois, & en a toute la ſolidité, que ſon épaiſſeur n'eſt plus que de deux lignes dans les grandes voitures, qui ſont huit fois plus légeres que les voitures ordinaires de la même grandeur ; qu'elles ſont en outre élaſtiques, au point de céder aux plus violents chocs ſans en être endommagées, ſauf dans leur vernis. Il prétend qu'il regne encore la plus forte antipathie entre l'eau & ce vernis, que ces voitures ſont à l'épreuve de l'humidité, & ſupportent indiſtinctement le froid & le chaud ; qu'elles doivent ces excellentes qualités à la préparation de la colle dont il ſe ſert pour les conſtruire.

Ce carton eſt ſuſceptible, comme le bois d'être ferré ; il prend toutes les formes qu'on veut lui donner, & M. de Montfort eſt actuellement occupé à faire pour le duc d'Aumont une gondole qui contiendra 60 perſonnes.

Les brancards, les trains de ces voitures & les roues ſont de bois, mais infiniment mieux traités que ceux des autres. Les premiers ſont absolument dégagés de fer & de la plus grande légéreté & souplesse par le secret qu'il a d'amalgamer le nerf de bœuf avec le bois.

M. de Montfort raconte qu'il doit une pareille découverte à la nécessité ; que voyageant en Afrique, la difficulté des chemins lui suggéra d'essayer d'exécuter une voiture en carton qui pût être facilement enlevée & transportée à bras dans les passages les plus embarrassants.

M. de Sartines, qui cherche à réunir dans son département tout ce qui peut tendre à améliorer & à perfectionner les constructions, a proposé à M. de Montfort, auteur de carrosses & gondoles en carton, de faire des essais pour la construction de bâtiments de mer de la même fabrique. Cet ingénieux artiste prétend que cela seroit très-possible, & d'autant plus utile que le boulet seroit repoussé par l'élasticité de son carton ; & qu'au cas où il perceroit, il feroit simplement son trou, & n'occasioneroit point les éclats, qu'on sait être ce qu'il y a de plus dangereux dans un combat.

M. de Montfort n'a point accepté pour le présent, étant surchargé de besogne pour la cour, & obligé de veiller par lui-même, de mettre même la main à tous les ouvrages qui sortent de chez lui.

30 *Septembre* 1778. M. de Vismes, pour donner quelque satisfaction aux partisans de notre musique qui ne peuvent se déterminer encore à goûter la nouvelle, fait faire des répétitions de *Castor & Pollux*. Cet opéra doit être remis incessamment avec une pompe extraordinaire : *les Gluckistes & Piccinistes* sont en l'air, & se réunissent pour ce moment critique, où il

sera décidé si la révolution est tellement consommée qu'il faille même renoncer à ce chef-d'œuvre de Rameau : époque de l'apogée de sa gloire.

1 *Octobre* 1778. La reine a pris tellement goût pour le jeu, sur-tout depuis sa grosseffe, qui ne lui permet pas d'aller autant qu'elle a coutume, qu'il y a régulièrement un Pharaon établi chez S. M. C'est M. de Chalabre, le fils du joueur si renommé, qui est son banquier. Dernièrement il a représenté à la reine qu'il ne pouvoit suffire à son emploi, & avoit besoin d'un second : S. M. y a consenti & lui a dit de choisir qui il voudroit. Il a jeté les yeux sur un M. Poinçot, chevalier de St. Louis, qui, la première fois où il s'est rendu au cercle de la reine, n'a pu, suivant l'étiquette, s'asseoir, n'ayant pas le brevet de colonel, le dernier grade qui donne ce droit ; il se trouvoit ainsi debout seul, lorsque S. M. a paru : elle s'en est apperçu, & sans égard au cérémonial, si essentiel à Versailles, a ordonné qu'on donnât un siege à M. Poinçot. Ce qui fit gémir les courtisans rigides attachés aux formes.

2 *Octobre* 1778. On commence à aller voir le fanal que le sieur Bourgeois de Châteaublanc fait exécuter pour l'impératrice des Russies. Il est si immense, qu'on est obligé d'y travailler dans un attelier particulier qu'on a formé à l'hôtel de Condé. Il doit être placé sur une des côtes de son empire, & sera vu de douze lieues lorsqu'il sera a son point d'exhauffement.

3 *Octobre* 1778. Les officiers revenus du camp de Bayeux, levé le 28 septembre, confirment ce

qu'on a dit, que les manœuvres exécutées par ordre du maréchal de Broglio, suivant sa nouvelle tactique, n'ont pas eu l'approbation du grand nombre des officiers généraux : ce général étoit pour *l'ordre profond*, c'est-à-dire, pour attaquer par colonnes d'une grande profondeur, au lieu de suivre *l'ordre mince*, qui consiste à se former en lignes très-étendues sur quelques hommes de hauteur seulement.

4 *Octobre* 1778. Quoique M. l'abbé Mignot, neveu de M. de Voltaire, ainsi que M. d'Ornoy, n'ait eu qu'une somme de 100,000 livres pour sa portion de cet héritage, à laquelle le vieillard de Ferney les a réduits, tandis que madame Denis a recueilli 80,000 livres de rentes & 400,000 livres d'argent comptant, le premier se pique de générosité : il a commandé un mausolée, qu'il doit placer dans son abbaye de Scellieres en l'honneur de M. de Voltaire. Il s'ensuit que l'abbé Mignot renonce à envoyer les cendres de son oncle à Ferney, & se propose de les conserver à perpétuité. C'est un nommé Clodion, sculpteur, qui est chargé du monument.

Le prieur, que le clergé vouloit faire expulser par son général, l'abbé de Pontigny, fier de la protection du gouvernement, est aujourd'hui tout entier dans les intérêts du parti des pilosophes. Il a triomphé absolument de la persécution élevée contre lui, & le comité ministériel tenu entre le comte de Maurepas, monsieur Amelot & M. Necker, relativement à tout ce qui a concerné cette affaire, depuis la maladie de M. de Voltaire jusqu'au dernier effort tenté par les curés, dirige toutes les démarches nouvelles & y préside. C'est à ce comité qu'a recours aujourd'hui l'académie Françoise pour faire faire le service qu'elle attend avant de procéder à l'élection d'un successeur de M. de Voltaire ; mais cette grace est plus difficile à obtenir à cause de la capitale où il doit avoir lieu, où s'est passé le scandale & où se trouve en quelque sorte le clergé réuni.

5 *Octobre* 1778. L'abbé Jabineau est un janséniste renommé, connu même par plusieurs persécutions qu'il a déja essuyées : malgré cela son génie turbulent, son zele pour le parti, & son activité ne lui permettent pas de rester oisif. On sait l'identité que les jansénistes veulent mettre en toutes les affaires parlementaires & les leurs. Quoique celle actuelle de Rouen n'ait aucun rapport direct à eux, en qualité de meilleurs patriotes que les autres, à ce qu'ils prétendent, ils y ont pris beaucoup d'intérêt: l'abbé Jabineau, accoutumé aux manœuvres clandestines pour l'impression de leurs pamphlets, a prêté son ministere pour celle des remontrances & autres pieces relatives à toute la contestation du parlement de Normandie avec la cour, qui devient de plus en plus intéressante. Il étoit allé à Orléans travailler à cette besogne, elle étoit finie & il revenoit muni d'une certaine quantité d'exemplaires. Il a été trahi, on l'a arrêté & fouillé en conséquence aux barrieres, & il a été conduit à la Bastille.

5 *Octobre.* C'est décidément le sieur Pankouke qui sera l'agent matériel de l'édition générale qu'on se propose de faire des œuvres de M. de Voltaire ; madame Denis lui

a remis toutes les pieces néceſſaires. On ne nomme point encore l'homme de lettres qui préſidera à l'opération ; il en faudroit même pluſieurs, tant elle ſera immenſe & diverſifiée.

5 *Octobre* 1778. Monſieur de Foncemagne de l'académie Françoiſe menace ruine, & il eſt à craindre qu'il ne laiſſe une autre place vacante avant qu'on ait donné un ſucceſſeur à M. de Voltaire : ſon grand âge & la nature de ſa maladie dans la veſſie ne laiſſe plus d'eſpoir.

6 *Octobre* 1778. Le ſieur Pankouke, que Me. Linguet outrage depuis long-temps avec tant de fureur & d'opiniâtreté, ſeroit peut-être peu ſenſible à ce qui intéreſſe ſon amour-propre, ſi ſon cruel ennemi ne cherchoit en même-temps à décrier ſes entrepriſes de librairie, & à les faire échouer. C'eſt ainſi qu'il voudroit faire tomber le *Mercure* dès ſa régénération.

Le ſieur Pankouke lui a répondu dans le volume d'hier 5 octobre, en aſſurant qu'il a 7,000 ſouſcripteurs pour ſon journal. Mais en outre, peu content de cette défenſe très-modérée & réduite à une ſimple note, il voudroit bien rendre injure pour injure, invective pour invective ; en conſéquence il a raſſemblé depuis long-temps toutes ſortes d'anecdotes ſcandaleuſes ſur Me. Linguet ; & s'imaginant que Me. Falconet, qui a recueilli une ſi forte doſe de fiel que lui a prodigué l'avocat expulſé lors du procès des Verons, ne ſeroit pas fâché de trouver occaſion de broder un auſſi excellent canevas, il lui a propoſé de prêter ſa plume pour cette œuvre d'iniquité ; mais l'orateur a eu la généroſité de s'y refuſer.

6 Octobre 1778. *Castor & Pollux* est annoncé pour dimanche onze. Les bouffons préparent *la sposa collerica* ou *la femme colere*, intermede en deux actes de M. Piccini.

8 Octobre 1778. On voit une *priere* imprimée à l'occasion de la grossesse de la reine, récitée pour la premiere fois par les juifs François, originaires d'Avignon, résidants à Paris, le 5 septembre, composée en langue hébraïque par *Mardochée Venture*, maître des langues Hébraïque, Rabinique, Chaldaïque & Talmudique, Italienne & Espagnole, & traduite par lui-même.

Cette priere fort longue & vraiment dans le style judaïque, fait honneur au zele de la nation Juive. On y remarque une différence essentielle d'avec les oraisons de nos prêtres: c'est qu'elle pousse son ardeur pour la ligne régnante jusqu'à demander un enfant mâle: chez nous, au contraire, l'église supposant, d'après le système des physiciens, que le sexe de l'embryon royal est déja déterminé, lorsqu'elle commence à former ses instances auprès du ciel, se contente d'implorer son secours pour l'heureuse délivrance de S. M. & croiroit tenter Dieu en le sollicitant de changer son œuvre commencée. Voilà la solution qu'en fournissent les docteurs de notre loi.

8 Octobre. Madame Denis a fait remettre au sieur Pankouke deux caisses de papiers & manuscrits pour la nouvelle édition des œuvres de son oncle; ce n'est pas qu'il y ait beaucoup de neuf, on en a trouvé très-peu, mais ce sont quantité de volumes retouchés de la main de Voltaire; ce sont aussi des lettres de toute espece qu'elle a recueillies, quoiqu'il s'en faille qu'on ait pu les raſſembler en totalité ; il y en a infiniment plus qu'on n'a pu recouvrer ou qu'on n'oſe publier.

9 *Octobre* 1778. L'abbé Jabineau, particuliérement connu du lieutenant-général de police, a fort ſurpris ce magiſtrat quand on le lui a amené comme en contravention aux loix & aux ordres du gouvernement ; il en a été bien accueilli, & l'on a eu à la Baſtille beaucoup de ménagement pour lui : cependant M. le garde-des-ſceaux vouloit mettre dans le commencement de cette affaire de l'humeur, parce qu'elle le concerne en partie ; mais des gens de haut parage lui en ont impoſé, & l'on eſpere que le priſonnier ne tardera pas à avoir ſa liberté.

10 *Octobre* 1778. M. le duc de Brancas, qui ſe ſoucie peu du comte de Lauragais ſon fils, & qui aime l'argent, s'eſt arrangé avec le directeur des finances actuel pour le retrait par le roi du domaine de Lauragais engagé, malgré une ſubſtitution à laquelle il eſt aſſujetti. Monſieur Necker a cru devoir en inſtruire le comte ; mais celui-ci toujours cauſtique, & peu prévenu en faveur du miniſtre des finances, qu'il a beaucoup connu à la compagnie des Indes, lui a répondu par une lettre très-ingénieuſe, très-piquante & très-gaie, qui humilie & déſole monſieur Necker. Cette facétie eſt beaucoup mieux faite, à une mauvaiſe plaiſanterie près, que toutes les autres de ce ſeigneur à ſaillies, mais au fond excellent patriote. Il a grand ſoin d'en répandre des copies, pour imprimer ſur le miniſtre le

ridicule qui trop souvent en France est l'avant-coureur des disgraces.

La lettre de M. Mecker est du 9 septembre & la réponse du 23 du même mois.

9 Octobre 1778. *Copie de la lettre de monsieur Necker à M. le comte de Lauragais, du 9 septembre.*

Je crois devoir vous prévenir, Monsieur le Comte, que l'intention du roi est de rentrer dans le domaine de Lauragais, engagé à monsieur le duc de Brancas par contrat du 21 octobre 1716, moyennant la somme de 195,600 livres.

La conservation des droits du domaine de la couronne contestés pour la plupart à M. le duc de Brancas, les procès qu'il a soutenus à cet égard, & les difficultés qu'éprouve au parlement de Toulouse l'enrégistrement des lettres-patentes relatives au droit *des Leudes*, sont la base des motifs qui ont déterminé S. M. J'aurai soin que les droits de la substitution soient conservés, & que l'emploi des deniers qui en font l'objet, en soit fait d'une maniere convenable.

J'ai l'honneur d'être, &c. [*Signé*] NECKER.

Réponse de monsieur le comte de Lauragais, du 23 Septembre.

J'aurois assurément répondu plutôt, Monsieur, à la lettre que vous m'avez fait l'honneur de m'écrire le 9 septembre, si j'eusse été ici, mais j'y arrive. Je viens de courir la campagne; vous me paroissez plus heureux que moi, *il vaut mieux la battre.* Je ne vous fais point mes remerciements sur les peines que vous voulez bien prendre pour débarrasser mon pere des procès qu'entraînent toujours les grandes propriétés, ni des soins que vous me promettez pour veiller à la conservation des droits de la substitution à laquelle je suis appellé, en faisant vous-même, d'*une maniere convenable*, l'emploi des deniers qui en font l'objet : je devois compter infiniment sur vos procédés & même sur votre reconnoissance : je l'ai méritée cet hiver (1) autant que je l'ai pu ; malgré cela je refuse absolument vos services. Ce seroit vous compromettre gravement, que de ne pas s'opposer autant qu'il sera dans le pouvoir des choses, à vous laisser immoler la grande question des domaines, pour éviter à mon pere quelques affaires, & me laisser à moi une substitution véritablement liquide. Je n'aurai point ce reproche à me faire. Ce que vous entreprenez ébranle tous les principes de l'administration, & j'ai trop oui dire à tous les gens du conseil du roi que vous n'entendiez pas un mot d'administration, pour ne pas craindre d'exciter les clabauderies contre le généreux citoyen de Geneve, qui veut bien gratuitement gouverner la France. ainsi je vais avoir l'honneur d'écrire à monsieur le comte de Maurepas, & charger mon avocat au conseil de s'opposer autant qu'il sera possible à l'excès des faveurs dont vous voulez accabler le campagnard.

[*Signé*] LAURAGUAIS.

---

(1) Cette phrase est relative aux intrigues de monsieur le comte de Lauraguais, qui durant l'hiver a travaillé à décrier M. Necker & à le faire sauter.

12 *Octobre* 1778. M. de la Borde, auteur des tableaux de la Suisse & de l'Italie, indépendamment de cet ouvrage immense, en entreprend un autre qui en devoit d'abord faire partie, & qu'il doit traiter à part sous le titre d'*Essai sur la musique*, titre modeste sans doute, quoique cet essai, ayant deux volumes in-4°., doit renfermer dans cette étendue un traité complet sur ce bel art.

Suivant lui la ville de Naples est aujourd'hui la métropole du monde pour la musique. C'est de cette école que sont sortis les plus grands compositeurs, & c'est elle qui les produit encore : nous lui devons les *Piccini*, *Durante*, *Leo*, *Pergolese*, *Sachini*, *Hasse*, *Teradeglias*, *Porpora*, *Jomelli*, *Galuppi Peres*, *Maïo*, *Feo*, *l'Atilla*, *Scarlatti*, *Buononcini*, *Paesiello*, *Anfossi*. Le premier projet de M. de la Borde étoit d'insérer son article concernant cet art dans l'histoire de la capitale du royaume des Deux-Siciles ; l'abondance de la matiere & de ses recherches l'oblige d'en parler *ex professo*.

Son objet est de seconder le goût de la musique universellement répandu, en développant les connoissances qu'elle exige pour en juger pertinemment, pour se plaire aux nouveaux spectacles qu'on nous donne, pour se mettre en état d'entendre les querelles qu'ils excitent & d'y prendre part.

Il paroît qu'il se propose d'abord de révoquer en doute les prodigieux effets de la musique chez les anciens, ou plutôt d'en faire sentir l'impossibilité, puisqu'ils ne connoissoient pas même les accords & par conséquent l'harmosie ; il assure que la musique moderne, qui consiste essentiellement dans l'art de contrepoint, n'a commencé d'exister que vers le onzieme siecle, & que, jusqu'à cette époque, elle n'avoit été par-tout qu'un plain-chant plus ou moins agréable.

12 *Octobre* 1778. M. de la Harpe qui, malgré ses protestations de philosophie & de stoïcité, est très-irascible, outré de toutes les plaisanteries bonnes ou mauvaises insérées au *Journal de Paris*, & plus encore des discussions de sa tragédie, dont on y montre les innombrables & énormes défauts, a porté le délire jusqu'à écrire une lettre insolente à M. Dussieux, l'un des rédacteurs, & après un déluge d'injures l'a menacé de coups de bâton.

M. Dussieux a pris le parti de déposer cette lettre, & de porter plainte au criminel contre le poëte ; l'affaire alloit devenir très-sérieuse, lorsque l'académie Françoise, instruite à quel point ce membre s'étoit compromis, l'a menacé de le rayer s'il n'étouffoit ce procès par les réparations convenables : M. de la Harpe a été obligé de faire des excuses à son ennemi, & la chose n'aura pas d'autres suites.

12 *Octobre*. M. le duc de Choiseul, instruit qu'on se proposoit d'imprimer les lettres familieres de M. de Voltaire & les réponses de divers personnages qu'on pourroit rassembler, n'a point voulu figurer dans cette collection, & a redemandé les siennes. On n'ose publier celles du roi de Prusse, de l'impératrice de Russie, du roi de Pologne & autres souverains, sans leur aveu. M. le duc de Nivernois en a beaucoup, dont il ne veut pas se défaire. Monsieur

le comte d'Argental a remis celles qu'il avoit au sieur Pankouke, en nombre très-considérable, & l'on assure que ce libraire les a achetées 4,000 livres. Il s'ensuit que cette collection-ci sera encore très-imparfaite.

13 *Octobre* 1778. L'abbé Jabineau est sorti de la Bastille jeudi dernier. M. le garde-des-sceaux, à qui l'on a fait entendre que cet avocat clerc avoit été très-utile à la magistrature durant l'exil, l'avoit beaucoup servi par son zele & ses brochures, étoit un martyre patriotique, impliqué dans le fameux procès de la *Correspondance*, & décrété par le tripot Maupeou, veut le connoître; mais l'abbé se propose bien de le tancer d'importance, & de lui faire sentir l'indécence d'un chef de la justice, qui ose se servir contre un citoyen domicilié, contre un avocat, d'un moyen aussi illégal qu'une lettre de cachet.

Du reste, l'abbé Jabineau avoit, suivant l'usage, emporté avec lui toute l'édition des arrêtés & remontrances du parlement de Rouen; en sorte que tout a été saisi & qu'il n'y a pas moyen d'en avoir

14 *Octobre* 1778. On a en effet remis dimanche *Castor & Pollux*, & le concours étoit immense. Les partisans de la nouvelle musique & sur-tout les gluckistes, malgré la vénération où a toujours été cet opéra, l'ont trouvé ennuyeux; ils en ont jugé la musique plate. Ses partisans sont sortis mécontents par une autre raison; malgré les soins & les dépenses du nouvel administrateur, ils l'ont trouvé mal remis.

15 *Octobre* 1778. Depuis long-temps on parle de transférer les cordeliers aux célestins sup-

primés ; il paſſe pour certain aujourd'hui que ce projet va s'effectuer. Ces religieux n'auront que les bâtiments & une partie du jardin qui eſt immenſe. On ouvrira une rue ſur ce terrein, qui aboutira *rue de la Ceriſerai*, & dans la cour de l'arſenal, en équerre avec une en face de la grille du jardin.

Quant aux cordeliers, on doit abattre une partie de leur égliſe pour faire une place devant les écoles de chirurgie, & découvrir la façade de ce ſuperbe bâtiment ; on croit qu'elle recevra dans ſon temps la ſtatue de *Louis XVI*.

16 *Octobre* 1778. M. l'archevêque de Toulouſe, grand faiſeur de projets, entre leſquels il y en a d'utiles & de patriotiques, vient d'en propoſer un de cette eſpece au gouvernement: c'eſt l'inſtitution d'une chaire pour inſtruire des ſourds & muets dans la maniere de l'abbé de l'Epée, qui, comme de raiſon, préſideroit à ce bel établiſſement : on ſait combien l'empereur, pendant ſon ſéjour ici, a exalté cet inſtituteur ; on ſait qu'il lui a envoyé un ſujet à former: tout cela heureuſement excite le zele du miniſtere à ſeconder le prélat, qui d'ailleurs trouve des moyens de finance ſans qu'il en coûte rien à l'état.

17 *Octobre* 1778. Les comédiens Italiens ont donné lundi *la Chaſſe*, piece en trois actes, paroles de M. Desfontaines, muſique de M. de Saint-George. Ce dernier, amateur très-connu, très-répandu, très-eſtimé, avoit attiré un cours de monde prodigieux : on ne peut encore aſſeoir de jugement ſur cette repréſentation très-tumultueuſe.

18 *Octobre* 1778. M. Remond de Ste. Albine vient de mourir dans sa quatre-vingt-quatrieme année. Il a fait quelques ouvrages, & a long-temps présidé à la gazette de France. Boindin disoit de lui que c'étoit un homme qui avoit de l'esprit, quand on lui en donnoit le temps ; il n'avoit en effet ni saillies, ni vivacité ; il s'exprimoit bien, mais lentement : c'étoit un littérateur estimable, plein de bon sens, d'un jugement exquis & très-anti-philosophe.

18 *Octobre* 1778. M. de Lalande est le vénérable de la loge des Neuf-Sœurs, il se nomme *Jérôme*; & le 30 septembre, jour de la fête de ce saint, on a tenu une séance extraordinaire pour célébrer celle de ce chef. Le frere de la Dixmerie avoit composé une chanson en son honneur pleine de sel & de gaieté, qui a été chantée avec beaucoup d'applaudissements. Quoique tout ce qui se passe dans l'intérieur des franc-maçons doive être un secret, l'amour-propre de l'auteur & du héros a laissé transpirer cette plaisanterie. Pour bien l'entendre il faut savoir que M. de Lalande, membre de l'académie des sciences, est un astronome célebre, grand amateur du beau sexe, & philosophe d'une société douce & aimable.

Chanson sur l'air : ah ! dam Cadet, &c.

Connoissez-vous dans le canton
Certain savant, bon compagnon,
Qui de Copernic, de Newton,
   Fait le second tome ?
      On devine son nom :
      c'est monsieur Jérôme.

Comme un chantre lit au luttin,
Dans les cieux il vous lit en plein :
Qu'une comete aille son train,
  Crac, vîte il vous l'empaume :
    Ce n'est qu'un tour de main
    Pour monsieur Jérôme.

L'astre qu'il observe le plus
Est la planete de Vénus ;
Tous ses aspects sont bien connus
  De ce grand astronome :
    Les cieux sont toujours nus
    Pour monsieur Jérôme.

Quand il parle ou quand il écrit,
En grand chorus on applaudit ;
L'innocente Lise se dit,
  Cela vaut un royaume :
    Ah ! quêtons de l'esprit
    Chez monsieur Jérôme.

Il raisonne comme un Platon,
Il n'agit point comme un Caton ;
Moi je trouve qu'il a raison ;
  Caton fut trop sauvage,
    C'étoit un furibon ;
    Jérôme est un sage.

19 *Octobre* 1778. C'est le système de M. Mesnil-Durand, gentilhomme de Normandie, ancien militaire & auteur d'un livre de tactique, qu'il propose depuis plus de vignt ans, adopté par M. le maréchal de Broglio, que ce général a voulu mettre en vogue au camp de Norman-

die ; mais toutes les attaques qu'il a voulu faire faire & qu'il a faites lui-même, n'ont pas réussi ; les manœuvres contraires ont toujours triomphé des siennes. Indépendamment de cette obstination dont son amour-propre a reçu des mortifications, il ne s'est pas fait aimer par sa hauteur, par sa dureté, &c. ; il s'est élevé un cri de mécontentement contre lui ; & depuis son retour il s'est tenu à la table de M. le prince de Montbarrey des propos injurieux pour ce général : comme il en a été instruit, il a voulu faire remonter à la source de ces propos, & a sollicité *ad hoc* un conseil de guerre ; il n'y a pas d'apparence qu'il l'obtienne.

19 *Octobre* 1778. Le projet des freres Périer pour procurer de l'eau dans les maisons de Paris, commence à s'exécuter, & ils élevent une pompe à la grille de Chaillot.

19 *Octobre*. M. de la Borde, dans le *prospectus* de son *Essai sur la Musique*, fait l'éloge de cinq auteurs vivants qui ont écrit sur cette matiere. Il parle de l'ouvrage de monsieur d'Alembert, où l'écrivain éclaircit plusieurs principes obscurs de Rameau ; des savantes dissertations de l'abbé Arnaud, qui se refuse de mettre au jour les fruits de ses laborieuses recherches ; des ouvrages de M. l'abbé Roussier, connu par un excellent mémoire sur la musique des anciens ; de l'*Essai sur l'union de la poésie & de la musique* de monsieur le chevalier de Chatellux, signal de la derniere révolution de la musique en France ; enfin de l'*Essai sur la révolution de la musique en France*, par monsieur de Marmontel, dont on a parlé.

On est surpris qu'entre tous ces traités il omette

le dictionnaire de musique de Rousseau, au gré de bien des gens supérieur à ceux-là. Il faut attribuer cette réticence à la basse jalousie de M. de la Borde contre ce grand homme, qui étoit le principe de la lettre envoyée au *Journal de Paris*, où il décrioit si indécemment le *Devin du village*, & qu'on n'a pas voulu inférer parce qu'il exigeoit l'anonyme.

20 *Octobre* 1778. Malgré toutes les précautions prises par les lettres-patentes d'érection de la société royale de médecine pour lui concilier la faculté, celle-ci ne veut entendre à aucun arrangement, & se refuse à tous les honneurs qui lui sont accordés par la nouvelle compagnie. Elle est de plus en plus jalouse d'un corps qui va recevoir toutes les faveurs de la cour, acquérir une grande consistance & une illustration singuliere. Cela lui donne une émulation dont elle avoit besoin, elle s'occupe de travaux académiques; elle aura des séances publiques, & sans doute aussi des prix. Quant à la premiere, elle tient aujourd'hui une assemblée qu'on assure devoir être aussi brillante que celle de l'année passée.

Derniérement, dans une assemblée de la faculté, un docteur a laissé tomber de dessous sa robe une quantité d'exemplaires d'une lettre que chacun a ramassée; il s'est trouvé que c'étoit un libelle violent contre la société royale & plusieurs de ses membres. Cette lettre seroit très-propre à mériter à son auteur, s'il étoit connu, un châtiment exemplaire; mais il a fait son coup si adroitement qu'il est absolument ignoré.

21 *Octobre* 1778. Il paroît les volumes 9 & 10, servant de suite aux *Mémoires Secrets &c.* de

Bachaumont. Ceux-ci embraſſent les années 1776 & 1777. Comme Me. Linguet, mécontent de beaucoup de vérités qu'on lui dit dans cet ouvrage, l'avoit très-maltraité dans ſon N°. 8., on lit en tête un court avertiſſement, non moins ſage que noble & vigoureux. (Cet article eſt extrait de nouvelles à la main très-accréditées dans Paris.)

22 *Octobre* 1778. M. Amelot a eu pour gouverneur un M. le Roi, gentilhomme très-ancien, puiſqu'il prétend avoir ſes titres en regle depuis ſaint Louis; la détreſſe l'avoit obligé de prendre ce poſte. Son fils épouſe aujourd'hui, par une raiſon de fortune, une bâtarde qu'a eue le marquis de Brancas d'une fameuſe danſeuſe de l'opéra, connue ſous le nom de *Pouponne*, & morte en couche de cet enfant. Elle a été très-bien élevée chez ſon pere, qui l'aime comme ſa fille & prend le gendre avec lui; indépendamment de 12,000 livres de rentes qu'il aſſure à la jeune perſonne, M. Amelot a fait avoir au mari une compagnie de cavalerie.

21 *Octobre*. M. le duc d'Orléans, retiré tout-à-fait dans ſon nouveau palais auprès de celui de madame de Monteſſon, & dans une ſorte de dévotion, demandoit depuis long-temps une paroiſſe ou une annexe pour ce quartier-là. Il eſt enfin décidé d'y tranſporter les capucins de la rue Saint-Honoré, qui feront les fonctions curiales: une partie de la vente de leur terrein, ſervira à bâtir à la Chauſſée-d'Antin un couvent pour ces moines, & du reſte on les dotera par forme d'aumône de la part du roi.

22 *Octobre* 1778. Les gluckiſtes & les bouffons, quoique de partis bien oppoſés, ſe réuniſſent

contre le succès de *Castor & Pollux*, & se portent même à des manœuvres indécentes & odieuses, en cabalant dans le parterre & en excitant des huées qui interrompent le spectacle & troublent les acteurs : la plus grande partie de l'orchestre entre dans le complot, & se refuse d'exécuter avec la précision & l'habileté connue des maîtres qui le composent ; enfin les meilleurs acteurs se font déja doubler. Malgré cet acharnement, les trois représentions qu'a eues jusqu'ici cet opéra, ont été très-completes, & le public est indigné de tant d'horreurs.

23 *Octobre* 1778. Les faiseurs de projets s'évertuent sur la destination future de l'emplacement des capucins de la rue Saint-Honoré. Le plus beau est celui dont le plan seroit de percer une rue depuis le petit Carrousel jusqu'à la place de Louis XV, en prenant le terrein nécessaire du manege, des feuillants, des capucins & de l'assomption ; de former une autre rue perpendiculaire sur celle-là en face de la place de Vendôme, qui aboutiroit à une grille du jardin des Tuileries ; enfin d'en ouvrir une troisieme vis-à-vis de l'autre côté de la place de Vendôme, qui passeroit au milieu des capucines & iroit rejoindre le rempart. On prétend que, par le bénéfice que procureroient les façades qu'on se ménageroit dans toutes ces rues, on suffiroit aux dépenses de cet embellissement de la capitale, qui ne coûteroit ainsi rien à personne.

24 *Octobre* 1778. Les docteurs Bouvart, Maloët, Darcet, qui avoient d'abord été agrégés à la société royale de médecine, s'en sont séparés

depuis les différends graves de la faculté avec elle, & ont semblé rougir de cette ingratitude envers elle ; celle-ci se réjouit d'avoir vu revenir dans son sein ces personnages très-renommés pour leur savoir, très-estimables en outre par leur conduite & par leurs mœurs.

24 *Octobre* 1778. M. le marquis de Villette a acheté de madame Denis la terre de Ferney, pour 250,000 livres. L'abbé Mignot & monsieur d'Ornoy sont furieux qu'on laisse passer dans des mains étrangeres cette habitation de M. de Voltaire.

25 *Octobre* 1778. La loge des Neuf-Sœurs se propose de faire dans son intérieur, le mois prochain, un service maçonnique en l'honneur de Voltaire, devenu l'un de ses freres ; on travaille de loin à donner à cette cérémonie tout l'éclat & toute la majesté que mérite cet auguste sujet. C'est le frere de la Dixmerie qui doit prononcer l'oraison funebre. Monsieur l'abbé Cordier de saint Firmin, l'agent-général de la loge, renommé pour ces sortes de fêtes, a eu recours aux plus habiles artistes pour la décoration & les ornements du lieu, & c'est M. de Lalande, le vénérable actuel, qui présidera. On ne doute pas que le docteur Franklin, affilié à la même loge, l'héritier du tablier de Voltaire, l'ami & l'admirateur du défunt, n'y assiste & ne se distingue par quelque marque de son zele en ce jour mémorable.

26 *Octobre*. La société royale de médecine a encore tenu sa séance publique du mardi 20 octobre dans la salle des actes du college royal : M. Amelot, M. le Noir, le docteur Franklin y assisterent.

M. Vicq d'Azyr, le secrétaire, a ouvert la séance en publiant les programmes des prix au nombre de six.

1°. Déterminer quel peut être le meilleur traitement de la rage.

M. Le Noir a consacré à cet effet un somme de 1,200 livres.

2°. Etablir, 1°. par l'analyse chymique quelle est la nature des remedes anti-scorbutiques proprement dits : 2°. par l'observation, quel peut être leur sage & leur combinaison dans les différentes espèces & complications, & dans les différents degrés du scorbut.

Ce prix est de la valeur de 600 livres.

3°. Existe-t-il véritablement une fievre milliaire essentielle & distincte des autres fievres exanthématiques, & dans quelle constitution doit-elle être rangée ?

Ce prix est de la bienfaisance de M. Pecq de la Clôture, médecin de Rouen. Il est de 300 livres.

4°. Déterminer par un nombre suffisant d'observations & d'expériences exactes, si les maladies contagieuses, principalement la petite vérole, peuvent se transmettre par l'intermede de l'air.

Ce prix de 300 livres provient de la générosité de M. Rast, médecin de Lyon.

5°. Indiquer la meilleure méthode pour guérir promptement & sûrement la gale, contractée par communication, comme il arrive dans les casernes, dans les atteliers, dans les hôpitaux & dans les prisons.

6°. Faire connoître le moyen le plus prompt, le moins dispendieux & en même temps le plus fûr, pour guérir la gonorrhée virulente, & pour prévenir les accidents qui en font ordinairement les suites.

Ces deux derniers prix de 300 livres chacun, proviennent de M. le marquis de Crenoles, brigadier des armées du roi.

Indépendamment des sujets des prix proposés, la société royale de médecine a annoncé la suite des travaux qu'elle a commencés & les nouvelles recherches dont elle a conçu le projet. Les commissaires nommés pour constater les propriétés médicinales de l'électricité, de l'aimant & de différentes especes d'air ou de gaz, continuent leurs opérations avec la plus grande exactitude. Ces diverses méthodes font administrées gratuitement sous les yeux de plusieurs membres de la société qu'elle a nommés pour vérifier l'état des malades. M. l'abbé Tessier n'a point interrompu ses opérations sur les maladies des grains, & il a passé une partie de la belle saison en Beauce pour suivre la moisson dans tous ses détails.

Les nouveaux travaux qu'elle propose sont 1°. sur la description typographique & médicale de la France ; 2°. sur l'analyse des eaux minérales ; 3°. sur les maladies des artisans ; 4°. sur les maladies des bestiaux.

Ensuite on a lu divers mémoires.

1°. Un de M. de Lassone, sur de nouveaux moyens de perfectionner la préparation du tartre stibié, ou tartre émétique.

2°. Un de M. Geoffroy, contenant une exposition des maladies qui ont régné à Paris pendant les six premiers mois de cette année.

3°. Un de M. de Paulet sur la classe des champignons bulbeux, dont la plupart des efpeces qui croiffent aux environs de Paris, font malfaifantes, avec des moyens faciles pour les reconnoître.

4º. Un M. Coquereau fur une fievre intermittente locale, dont l'effet fe portoit fpécialement à la tête.

Tous ces écrits fort fecs, fans aucunes vues utiles, ou philofophiques, ou ingénieufes, auroient extrêmement dégoûté l'affemblée fans l'*Eloge de M. Haller*, lu par M. Vicq d'Azyr. Cet éloge très-bien écrit, joignant les graces de la belle littérature à toutes les profondeurs de l'érudition, rempli de fenfibilité, femé de réflexions judicieufes, dictées fouvent par le goût, ou affaifonnées de fel, ne feroit pas indigne de figurer entre les meilleurs prononcés à l'académie des fciences, ou même à l'académie Françoife. Il eft vrai que le fujet étoit extrêmement riche & diverfifié.

26 *Octobre* 1778. Jeudi on a donné au théatre lyrique la premiere repréfentation de *la fpofa collerica*, *la femme colere*, opéra bouffon en deux actes de Piccini. Il a n'y que quatre acteurs dans cette piece, dont le jeu & la mufique ont été bien accueillis.

26 *Octobre*. Rien de plus naturel & de plus aimable que Louis XVI, dans fon intimité; on en a déja vu des exemples: il vient de fe paffer tout récemment à Marly un trait pareil. Le roi revenu de la chaffe étoit à moitié habillé, mais ni rafé, ni poudré; il s'amufoit à parcourir une carte du chemin qu'il avoit fait: le petit la Roche, premier valet de garde-robe, s'impatiente, &, dans l'efpoir qu'il n'étoit plus nécef-

faire

faire s'en va; S. M. s'en apperçoit, le fait rappeller, & lui demande pourquoi il fort? « SIRE, » je m'en allois. Je le vois bien, répond le » roi; mais, où alliez-vous? — SIRE, à la » comédie. — Et votre service, qui le fera? » En même temps S. M. prend des mains d'un officier présent son bâton d'exempt, le donne à la Roche, le poste en sentinelle à une porte, lui fait mettre sur l'épaule ce bâton, en forme de fusil, lui place elle-même sur la tête son chapeau de chasse qu'elle venoit de quitter, en lui disant: « restes-là. Elle passe en même temps dans une piece voisine pour se raser & se faire poudrer; de temps en temps elle envoyoit voir s'il étoit à son poste: revenue elle le congédie & lui permet de se rendre au spectacle.

26 *Octobre* 1778. M. le comte de Lauraguais est exilé à dix lieues de Paris, pour donner satisfaction à M. Necker de la lettre spirituelle, caustique & méprisante de ce seigneur qu'on a rapportée.

27 *Octobre*. On a parlé, il y a deux ans, des inconvénients fâcheux pour les troupes, que les gens du métier prévoyoient, d'une nouvelle économie sur le pain mêlé de moitié froment & moitié seigle, avec l'extraction d'un dixieme de son, adoptée comme la meilleure composition; on reconnoît enfin aujourd'hui qu'il est essentiel d'y substituer une nourriture plus substantielle, sur-tout à la veille d'une guerre: en conséquence, sans s'arrêter à l'augmentation des dépenses qui pourront en résulter, il a passé au conseil que le pain de munition sera à l'avenir composé d'un mélange de trois quarts de froment & d'un quart de seigle, sans extraction

de son, à compter du 1 janvier 1779, & que le poids de la ration du soldat, tant dans le royaume que dans les armées, demeurera constamment fixé à 24 onces cuit & rassis ; la retenue sur la solde continuant de lui être faite sur le pied de 24 deniers par ration, &c. Ce nouvel arrangement ne peut que rendre M. le prince de Montbarrey très-agréable aux troupes, & entre dans son plan de se faire aimer à quelque prix que ce soit.

L'ordonnance est du 18 septembre 1778.

Ce qui prouve l'instabilité de ce département, comme des autres, c'est une nouvelle ordonnance, qui porte augmentation dans le corps de la maréchaussée, réduit il y a six mois : elle est du 3 octobre dernier.

27 octobre 1778. On a vu par la réponse du comte de Lauraguais à monsieur Necker, que ce seigneur se proposoit d'écrire au comte de Maurepas : il l'avoit fait & lui avoit envoyé copie de la première. Il montre une lettre du ministre qui en paroît enchanté, la trouve très-spirituelle, très-fine, pleine de sel & de bonne plaisanterie ; il convient qu'elle est un peu méchante, mais que sa gaieté doit faire passer tout cela : il lui promet d'interposer ses bons offices pour empêcher qu'elle n'ait des suites fâcheuses.

Depuis, M. de Maurepas a adressé une seconde lettre au comte de Lauraguais, où il lui parle de l'impossibilité de parer le coup, & l'exhorte à aller en exil, en lui promettant que cela ne sera pas long.

Il ne faut que deux lettres pareilles pour juger parfaitement du caractere du comte de

Maurepas. Il est vrai que le roi a été furieux contre M. de Lauraguais, & vouloit le faire mettre à la Bastille.

27 *Octobre* 1778. M. l'archevêque de Paris a adressé à M. le garde-des-sceaux un mémoire sur le *Poëme des mois* de M. Roucher. Il prétend savoir de bonne part que cet ouvrage est infecté de la philosophie moderne, &, sous les fleurs, cache un venin dangereux ; il prie le chef suprême de la justice de faire veiller de près à l'examen du poëme : en conséquence M. de Miromesnil a envoyé à M. de Pidansat de Mairobert, censeur nommé de M. Roucher, les observations du prélat, & lui a enjoint de s'y conformer.

28 *Octobre* 1778. Les comédiens Italiens annoncent pour demain *le Financier & le Savetier*, comédie en deux actes, mêlée d'ariettes.

28 *Octobre*. Le sieur l'Ecluse, depuis la clôture de la foire St. Laurent, a commencé de rouvrir son spectacle chez Torré dans le sallon de l'ambassadeur. Sa premiere représentation y a eu lieu le dimanche 25 : mais il n'est là qu'en entrepôt, & jusqu'à ce que sa salle particuliere soit construite.

29 *Octobre* 1778. La dame Molé, actrice de la comédie Françoise, s'est donné les airs de se faire attendre plus de trois quarts d'heure au spectacle de Marly, où elle étoit nécessaire. La présence de la reine a rendu cette insolence plus sensible ; & quoique S. M. ne voulut pas qu'elle fût punie, M. le duc de Villequier, gentilhomme ordinaire de la chambre de service, a cru devoir envoyer cette comédienne en prison : elle a été mise au Fort l'Evêque,

avec défense de lui laisser voir d'autres personnes que son médecin & son mari. Ce dernier, non moins impudent que sa femme, a trouvé très-mauvais qu'on osât lui faire un tel affront, & a demandé à se retirer. Le duc de Villequier lui a donné quinze jours pour se consulter, dans l'espoir que la réflexion lui feroit perdre cette résolution peu sage.

30 *Octobre*. 1778. Actuellement que, par la discussion, le jugement du public est à peu près fixé sur la nouvelle chapelle de St. Sulpice, il faut revenir sur ce riche oratoire & principalement sur la coupole. En voici le sujet.

La Sainte Vierge est assise sur un nuage au milieu d'une multitude d'Anges; dont les uns portent ses attributs, d'autres à l'opposite forment un concert. Elle intercede la divinité, représentée par un *Jeova* dans une gloire, en faveur des paroissiens, qui lui sont présentés par St. Pierre & St. Sulpice. Les paroissiens sont désignés par une grande multitude de peuple en priere dans la partie inférieure du plafond, ils ont à leur tête M. Olier curé, revêtu d'une aube & d'une étole, & accompagné des demoiselles de la communauté de l'intérieur de la Sainte Vierge, qu'il avoit établie.

Sur les côtés à droite paroissent les peres de l'église & les fondateurs d'ordres qui ont célébré les grandeurs de Marie; à gauche les Vierges qui se sont mises sous sa protection & qui reçoivent les palmes de la main d'un Ange.

M. Callet, connu par les plafonds du palais Spinola à Genes, du palais Bourbon à Paris, a été chargé de réparer cette peinture à fresque du fameux le Moine; mais on lui reproche de n'avoir pas suivi l'esquisse de ce maître, & sous prétexte que ses figures ne plafonnoient pas bien, d'avoir osé le corriger: on lui reproche d'avoir substitué à l'harmonie douce, à la mélodie délicieuse de tons de ce grand homme, un cliquetis de couleurs âcres, propres à éblouir les yeux des ignorants, mais qui fatiguent ceux des connoisseurs; d'avoir confondu toutes les masses de clairs & d'ombres, de n'avoir point détaché les objets : d'où il résulte une cacophonie insupportable, un amas indigeste de figures, qui semblent toutes prêtes à tomber à l'envi sur la tête des spectateurs.

30 Octobre 1778. Depuis que la cupidité a fait recevoir, même à la cour, les jeux de hasard réservés ci-devant pour les fêtes extraordinaires, mais tellement goûtés par la reine & les freres du roi, qu'il y a des banquiers *ad hoc*, suivant la cour, les ambassadeurs ont imaginé d'en faire autant dans leurs hôtels. Comme ils ne sont pas difficiles sur l'introduction des joueurs, la présentation exigée avant d'y paroître n'est qu'une formule vaine, qui n'empêche pas de recevoir des gens de toute espece. Comme les hôtels de ces étrangers sont sacrés, on élude ainsi les réglements, & les dernieres défenses du parlement deviennent inutiles. On croit que la police profitera de cette licence pour ramener ses maisons de jeu & y introduire des biribi; c'est à quoi l'on travaille pour cet hiver.

30 Octobre 1778. Malgré une cabale furieuse qu'il y avoit hier aux Italiens contre la piece nouvelle du *Savetier & du Financier*, elle n'a point déplu aux connoisseurs. M. Rigal, le

muficien, a employé très-heureufement les talents déja connus par des oratorio. Quant au poëme, d'un M. Santerre, il auroit pu être meilleur: on ne peut nier que le fujet tiré de la fable de la Fontaine, fi connue & fi morale, ne foit heureufement choifi.

31 *octobre* 1778. M. Dorat répand un *Portrait de Voltaire en vers* qui ne plaît pas à tous fes partifans : en convenant de fes grandes qualités, il ne diffimule pas fes défauts : au refte, tout porte fur l'auteur & rien fur la perfonne, qu'il avoit précédemment affez maltraitée dans d'autres vers qu'il a prudemment défavoués. Voici ceux d'aujourd'hui :

Raphaël pour le trait, Rubens pour la couleur,
De la profe & des vers poffédant la magie,
Ecrivain très-fenfible, ou très-malin railleur,
    Dans le vafte champ du génie
    De chaque genre il a cueilli la fleur :
Le rire eft fon fecret, fon arme eft la faillie :
Que de fois dans ces riens dont il eft créateur,
Déguifant la raifon fous l'air de la folie,
Sans en prendre le ton, il fut légiflateur !
Sachant tout embraffer, fans peine il affocie
Le compas de Nevvton aux pompons d'Emilie ;
Même après la Fontaine il eft joyeux conteur,
Même après l'Ariofte il charme l'Italie ;
Il s'éleve, defcend, gaiement fe multiplie :
Plein de grace ou de nerf, de foupleffe & d'ardeur,
    Il plane en aigle, en ferpent fe replie,
Au Plaute des François laiffe la profondeur,

Et va d'un fard brillant enluminer Thalie.
Plus piquant que fidele, agréable & trompeur,
Par ses jolis romans l'histoire est embellie;
Bien loin de se montrer scrupuleux narrateur
  Des sottises qu'il apprécie,
Toujours en philosophe, il ment à son lecteur,
Qu'avec la vérité si souvent on ennuie;
Et rival des anciens, autant qu'imitateur,
  Dans l'épopée ou dans la tragédie,
Ornant ce qu'il dérobe, il est plus qu'inventeur.

1 *Novembre* 1778. Rien de plus singulier que la contradiction du public à l'égard de *Castor & Pollux* : vendredi, jour de la sixieme repréfentation de cet opéra, il a fallu doubler la garde pour contenir la multitude immense qui s'efforçoit de franchir & rompre les barrieres ; & cependant il n'est point applaudi, il est souvent huée, & les spectateurs en sortant disent que cette musique est devenue plate ! On y voit le grand nombre justifier son dégoût par les bâillemens multipliés.

Aujourd'hui le concert spirituel sera remarquable par Mlle. Carlin, fille cadette de l'arlequin de ce nom : quoique aveugle dès le berceau, elle a fait des progrès si merveilleux dans le clavessin, sous le sieur Romain son maître, qu'il l'a jugée en état de paroître à ce spectacle, & d'y figurer avec avantage entre les virtuoses qui s'y distinguent.

2 *Novembre* 1778. Les cordeliers, malgré leurs réclamations, sont obligés d'abandonner leur

couvent, & partie de ces religieux doit paſſer aux céleſtins dans ce moment-ci, le reſte ſuivra dès que la maiſon ſera diſpoſée pour les recevoir tous. On regarde comme décidé qu'on abattra la nef de l'égliſe des cordeliers, qui offuſque le nouveau bâtiment des écoles de chirurgie, & qu'on y fera une petite place. La deſtination du ſurplus n'eſt pas encore bien ſûre.

2 *Novembre* 1778. La lettre contre la ſociété royale de médecine fait un bruit du diable parmi les docteurs ; on l'attribue aſſez généralement au docteur *le Preux*, connu par ſon talent dans le genre de la méchanceté. Elle eſt encore très-rare & peu de gens l'ont lue. On ne doute pas qu'il n'ait eu quelques avis du docteur Petit, dont il eſt éleve.

2 *Novembre* 1778. Le caractere de M. le comte de Maurepas ne ſe dément point ; même dans les accès de la goutte, il conſerve ſa gaieté, & les ſaillies partent avec autant de facilité que dans une partie de plaiſir. On montre une lettre de ce miniſtre à madame la marquiſe de Flamarins, ſa parente ; il lui marque en parlant de ſon état & en ſe félicitant d'avoir la liberté de lui écrire : *ſi je ne puis plus faire la belle jambe, au moins m'eſt-il permis de faire encore les beaux bras.*

3 *Novembre* 1778. La faculté de médecine annonce en effet une ſéance publique. Voici l'énoncé des billets.

« M. Malouin ayant légué à la faculté de
» médecine, dont il étoit membre, une ſomme
» annuelle, aux conditions qu'elle tiendra
» chaque année une ſéance publique pour y

» faire l'exposé de ses travaux relatifs aux pro-
» grès de l'art, & l'éloge de ses membres décé-
» dés. La faculté tiendra la premiere de ces séan-
» ces le jeudi cinq novembre 1778, &c. »

Voilà le premier effort que la faculté va faire pour prouver l'inutilité de la société royale. Du reste, elle gémit toujours sous les défenses les plus rigoureuses de prendre aucune voie juridique pour s'opposer à cet établissement, pour réfuter même les calomnies dont est rempli le préambule de l'arrêt du conseil qui casse son décret contre les membres traîtres & transfuges qui passeront chez sa rivale : en sorte que la voie des écrits anonymes semble lui être devenue nécessaire, c'est sur quoi l'on peut excuser la lettre dont on a parlé. Elle avoit été précédée d'un autre, qu'on juge non moins violent par l'épigraphe parodiée du titre d'une comédie Italienne : *Arlequin Voleur, Prévôt & Juge*. Elle porte *Lassone Voleur, Prévôt & Juge*, & inculpe, comme on voit, ce premier médecin. On dit que celle-ci, faite sur-tout en faveur des apothicaires, est au moins aussi méchante que la seconde ; elle n'est pas plus répandue.

4 *Novembre* 1778. *Castor & Pollux* a rendu près de 50,000 livres en sept représentations : ce qui prouve avec quel empressement il a été suivi, & désespere les détracteurs de cet opéra.

5 *Novembre* 1778. On assure que le Sr. Panckouke ne pouvant résister à la clameur générale contre le *Mercure*, dont la nouvelle rédaction déplaît, en a rejeté la faute sur le Sr. de la Harpe détesté du grand nombre des gens de lettres, lui a ôté cette partie en chef & ne le

conserve que comme simple coopérateur : il est incroyable combien la fatuité de cet auteur, qui n'est pas sans mérite, lui a fait d'ennemis. Il n'est pas jusques à un sieur Olivier de Corancès, qui, se mettant sur les rangs, a critiqué amérement le journaliste sur ce qu'il a dit de Rousseau. Ce Corancès n'est point littérateur, c'est un commis aux fermes ; mais ayant épousé la fille du sieur de Romilly, fameux horloger, le compatriote & l'ami de Rousseau, il a cru devoir prendre la défense du philosophe Genevois, & profiter de cette occasion pour répandre plusieurs anecdotes le concernant qu'on ignoroit.

6 *Novembre* 1778. La faculté de médecine a en effet tenu hier sa premiere assemblée publique, avec tout l'appareil qu'elle a pu y mettre : la salle étoit éclairée de plus de 100 bougies ; il y avoit des femmes dans une vaste tribune, le recteur de l'université étoit à côté du doyen : mais nul membre du ministere, dont ce corps fait gloire de ne pas dépendre. Cette séance a encore été plus intéressante que celle de la société royale, & les nombreux travaux dont on y a rendu compte sont très-propres à faire tomber celle-ci & à en démontrer l'inutilité.

6 *Novembre.* Tous les jours aux différents spectacles il y a des disputes relativement aux femmes, dont les coëffures hautes masquent ceux qui sont derriere : M. de Vismes a fait un réglement particulier à cet égard pour l'amphithéatre de l'opéra ; mais il ne peut avoir lieu que relativement à celles dépendantes de lui : quant aux comédies, les plaintes sont encore plus vives, & il faudra nécessairement que les gentilshommes de la chambre y mettent ordre.

6 Novembre 1778. Lettre d'un sociétaire pensionné, à un correspondant de province, écrite le jour même de l'installation de la société royale de médecine. Tel est le titre de la lettre attribuée à M. le Preux.

7 Novembre. On connoît l'utilité des pommes de terre qui ne coûtent presque aucuns frais de culture, qui se multiplient dans la plus grande abondance, qui ne répugnent à aucun sol, qui s'accommodent de toutes les températures d'air, qui ne manquent en aucun temps & qui forment pour le pauvre une nourriture saine & peu coûteuse. Depuis quelques années on s'occupe en France à perfectionner les avantages de cette plante liane : tout récemment le sieur Parmentier, apothicaire des invalides, a trouvé l'art d'en faire du pain. Derniérement M. d'Espagnac a donné un grand repas, où étoient monsieur le prince de Montbarrey, M. Amelot, monsieur Necker, M. le Noir, M. Franklin, enfin beaucoup de grands, des académiciens, des économistes & autres amateurs : on y a servi à table d'un pain fait de ce farineux, & tout le monde l'a trouvé aussi beau, aussi léger, aussi blanc, aussi excellent que le meilleur pain mollet : chacun en a pris & emporté ; l'on est convenu que dans un temps de disette, ce seroit une ressource très-heureuse. On ne dit point encore à quel prix il reviendroit, & si la préparation doit être longue, difficile & dispendieuse, pour le porter à un tel degré de bonté.

7 Novembre. On voit par le titre de la lettre attribuée au docteur le Preux, qu'il introduit en scene un membre même de la société royale de médecine, écrivant le jour de l'installation de cette compagnie depuis les lettres-patentes, c'est-à-dire le 2 octobre. Il peint d'abord la consternation de l'assemblée, lorsque le directeur Lorry ouvrit quatre lettres portant successivement les démissions des docteurs Bouvart, malouet, Darcet & Guenée; une cinquieme lettre du doyen de la faculté de médecine, qui annonçoit ne pouvoir ni ne devoir venir; une sixieme enfin du doyen d'âge, se refusant aussi à jouir des mêmes honneurs qu'il regardoit comme injurieux, lorsqu'on vit M. Lieutaud, premier médecin, ne point occuper la place de premier président. Il présage la défection prochaine d'autres membres, qui restent par un mauvais respect humain: il découvre les vues d'intérêt sordide qui ont dirigé cet établissement, pour s'emparer des permissions accordées aux charlatans, moyennant finance; il reproche à M. de Lassone l'envoi des médicaments dans les provinces dont il s'est fait charger par le gouvernement: emploi plus digne d'un apothicaire que d'un médecin, mais très-lucratif; il dévoile les manœuvres de ce médecin de cour pour asservir une partie de la faculté & la ranger sous son empire; il tourne en ridicule le secretaire Vicq d'Azyr, & le suit dans toutes ses menées pour seconder M. de Lassone; il attaque le plan des travaux qui n'a rien de neuf, & pris d'un mémoire du docteur Deslon de la faculté; il prétend que s'il avoit été dicté par des vues sinceres du bien public, on auroit formé la société dans le sein même de la faculté, justice due à six cents ans de service: il prétend qu'on a surpris la religion du roi & de ses ministres; il réclame sur-tout contre le coup d'autorité, obtenu à force de calomnies, avec lequel on est parvenu à ôter à un corps le droit naturel & imprescriptible de se défendre, de porter aux pieds du monarque sa justification, à lui interdire, & la liberté de rien imprimer.

Tel est le résumé de cet écrit assez bien fait dans son genre, où il y a d'excellentes plaisanteries, & calqué sur les fameuses *Correspondances*, dans la maniere de décrier, de diffamer les membres traîtres ou parjures, de les faire revenir, rougir du moins, & par cette flétrissure d'empêcher la défection de ceux qui seroient tentés de les imiter.

8 *Novembre* 1778. M. de la Harpe, piqué de se voir enlever la rédaction en chef du *Mercure*, & réduit par le sieur Pankoucke aux simples fonctions de coopérateur, refuse, dit-on, les offres de ce libraire, & a déclaré que sa devise étoit *tout ou rien*.

9 *Novembre* 1778. Jeudi dernier la faculté de médecine dérogeant, dans son assemblée publique, à son usage constant de ne parler qu'en latin, tous les discours qu'on y a lus étoient en françois.

Le docteur Desessarts, doyen, a ouvert la séance par un discours très-bien fait, où, résumant en bref l'histoire de la faculté, il a prétendu que, ne devant son existence qu'à elle-même, elle se devoit aussi ses progrès & son illustration ; qu'elle avoit toujours fait profession de vivre dans la liberté & dans l'indépendance ; qu'éloignée des intrigues & des cabales elle n'avoit jamais reçu aucune faveur de la cour, & s'étoit même soustraite à toutes celles qu'on auroit voulu lui accorder pour l'asservir : l'orateur a laissé au public le soin de faire la comparaison de sa conduite avec celle de la société royale de médecine ; mais on a jugé que cette apologie étoit une censure indirecte & très-sensible de cette fille rivale insultant déja à sa mere. Il n'a pas oublié l'énumération des services que sa compagnie avoit rendus à la France, de ceux qu'elle rendoit encore, & qu'elle se mettoit plus que jamais en état de rendre par la nouvelle forme qu'elle avoit donnée à ses assemblées, par les travaux qu'elle se prescrit & par ses correspondances universelles qu'elle s'étoit ménagées : ce qui fournissoit une conséquence qu'ont tirée facilement les auditeurs de l'inutilité de l'institution de la société royale. Il a gémi sur le peu de récompenses que la faculté avoit reçues, sur l'oubli absolu où la mettoit le gouvernement, au point de l'obliger de chercher un asyle ailleurs, en tenant cette assemblée dans les écoles de la faculté de théologie. Cet historique a conduit l'auteur à parler de la fondation de monsieur Malouin, qui a légué une somme de 20,000 liv. pour être employée à la destination qu'on remplissoit en ce moment ; il a dit que du surplus de la somme il seroit fondé un prix annuel propre à réveiller l'émulation & accroître les découvertes en médecine. Le sujet de celui qui sera distribué en novembre 1779, est de *déterminer les avantages dans l'ordre physique, moral & politique de l'allaitement des enfants par leur mere.*

Le prix adjugé cette année, l'a été au docteur Goubelli, médecin à Paris & au docteur Gastelier, Médecin à Montargis.

Le docteur Barbeu du Bourg a lu ensuite un résumé des différentes températures d'air qui ont régné dans chaque saison, depuis le printemps 1777, & des maladies qui ont eu cours durant chacune de ces périodes.

Il a fait part encore au public des theses soutenues dans les écoles de médecine durant le même intervalle, & s'est étendu sur les plus intéressantes, dont quelques-unes sont en effet curieuses, par des vues nouvelles ou des systêmes singuliers.

Le Docteur de l'Epine, le doyen d'âge, a parlé aussi & prononcé un petit discours relativement aux prix donnés & à ceux proposés.

Le doyen a repris la parole, &, pour satisfaire à l'intention du fondateur, relativement aux éloges des membres morts de la faculté, a commencé par celui de M. Malouin; il s'est étendu sur ce confrere distingué, dont la vie, les travaux & les singularités ont fourni une ample matiere à l'orateur; il y a joint les notices de trois docteurs peu connus, & dont il n'a parlé que pour satisfaire à l'usage.

Le docteur le Preux impatient de se signaler, a pris la parole, il a fait part au public de l'éloge de monsieur Jussieu, de sa composition : on l'a entendu encore avec plaisir après celui prononcé à l'académie des sciences par le marquis de Condorcet. On y a trouvé seulement trop d'esprit, trop de fleurs trop de manieres, trop de gentillesses pour une assemblée aussi grave. On y a remarqué des sarcasmes adroitement dirigés contre la société royale, qui n'ont servi qu'à confirmer les connoisseurs dans l'opinion que ce docteur pourroit bien avoir fait la lettre qu'on lui attribue.

Le reste de cette séance très-pleine a été rempli par la lecture de deux mémoires sur des matieres de la science, utiles, mais hors de la portée du gros des auditeurs & fort ennuyeux conséquemment : Le premier du docteur Mayault sur l'alkali fluor dans les apoplexies & les asphyxies, sur la dissolution du savon dans le cas où l'on auroit avalé de l'eau forte & sur quelques autres contre-poisons : le second, du sieur Sallin, contenant le rapport de ce qu'a présenté l'ouverture du corps du fils de la dame de la Motte & des observations sur les effets différents des poisons.

9 *Novembre* 1778. Les jardins de Marly sont ornés d'une infinité de statues qui, quoique des copies de ce que Rome a de plus beau, sont autant de chef-d'œuvres de nos fameux artistes : il y a quelques jours que pendant la nuit des barbares, dont on ne peut concevoir le projet & la méchanceté, ont mutilé presque tous ces monuments de sculture, & n'ont épargné que ceux qu'ils n'ont pu avoir la force ou le temps d'outrager.

Toute la police est en l'air pour découvrir les auteurs de cette étrange folie, ou jalousie, ou cupidité.

10 *Novembre* 1778. L'auteur de la *Lettre sur la Société Royale de Médecine* y ajoute un *Post-scriptum*, où il en promet d'autres : il cite le mot du docteur Bourru, qui compare le régime de cette nouvelle compagnie au régime jésuitique, suivant lequel la société étoit divisée en trois classes de sujets : les uns pour la protection, les autres pour les talents, & les derniers pour l'attachement & le zele. Il range dans la classe des martyrs le jeune l'Allouette, qu'il peint comme un benêt ; il met dans la pre-

miere M. Amelot, M. le Noir : il s'égaie sur le compte des docteurs Hallé, Colombier, Macquart, briguant des places d'affociés ; il cherche à les faire rougir de leur lâcheté : il releve une petite anecdote du fecretaire Vicq d'Azyr, auquel il reproche d'efcamoter quelquefois dans des cabinets d'hiftoire naturelle les morceaux rares, par un goût trop exceffif des belles chofes : il termine par le docteur Coqueraut, qu'il repréfente comme le recruteur de la fociété. Ce poft-fcriptum eft vraîment fcandaleux & dégénere un peu en libelle.

11 *Novembre* 1778. Le Roi a été furieux de l'infulte faite aux monuments de fon palais de Marly, il a déclaré au lieutenant de police qu'il vouloit qu'il n'épargnât rien pour découvrir les auteurs du complot, qui s'annonce par un inftrument qu'on a trouvé dans les jardins, & qui eft un témoin muet de cette machination.

12 *Novembre* 1778. L'acte de la *Provençale* remis en mufique par le fieur Candeille, fubalterne de l'opéra peu connu, a été exécuté dimanche fans fuccès. Heureufement on avoit laiffé fubfifter les airs charmants des ballets, qui ont fatisfait les amateurs de notre mufique. Si M. de Vifmes n'a pas réuffi en beaucoup d'innovations, on doit lui favoir gré au moins de la multiplicité des productions du théatre lyrique, qu'il nous a fait paffer en revue, depuis qu'il en a la direction, indépendamment des bouffons : jamais le fpectacle n'avoit été auffi varié.

13 *Novembre* 1778. Les volumes 9 & 10 des *Mémoires Secrets de Bachaumont*, &c. qui commence à percer ici, quoique très-diffici-

lement encore, font toujours fort chers. Comme ils roulent fur des anecdotes plus récentes, puifqu'ils ne concernent que les années 1776 & 1777, ils font courus avec une avidité extrême. La liberté qu'on y a prife de tout dire, & même de nommer tous les perfonnages, leur donne un piquant & un intérêt vif qui en font dévorer la lecture. On fent bien que ceux-ci ne peuvent plus être de l'auteur des premiers volumes; mais les rédacteurs, gens très-inftruits, & très au fait du courant de la ville & de la cour, ont parfaitement faifi le genre de ce répertoire littéraire & hiftorique. Ils ont dans leur récit la véracité, le farcafme & la précifion qui en font le mérite effentiel. Il eft bien à defirer que l'on continue ce plan, dont l'utilité ne peut que s'accroître avec le temps, & qui rend une femblable collection fupérieure à tous les journaux par la multitude de faits qu'elle raffemble. (Cet article eft extrait d'une gazette manufcrite, très-accréditée dans Paris & dans les provinces.)

13 *Novembre* 1778. C'eft d'hier feulement que les cordeliers ont dû prendre poffeffion de leur nouvelle habitation aux céleftins.

14 *Novembre* 1778. Il paroît que les états de Bretagne, ouverts depuis environ quinze jours, ne feront pas auffi orageux qu'on le craignoit, en ce qu'on s'eft concilié avec le duc de Penthievre fur l'affaire des députés. Cependant un événement grave trouble en ce moment l'ordre de la nobleffe : M. Degré du Lau, regardé comme un excellent baftionnaire, c'eft-à-dire, comme un patriote très-zélé, & qui avoit préfidé cet ordre en conféquence dans une des

tenues précédentes, avoit été nommé au commencement de celle-ci un des députés d'un bureau. Quand il a été queſtion de s'aſſembler, M. de Trémerga, l'un d'eux, a refuſé de communiquer avec M. Degré du Lau, attendu que c'étoit un traître, & que le maréchal duc de Duras, ancien commiſſaire du roi aux états, avoit déclaré avoir acheté ſa voix pour 1,500 livres ; qu'il exigeoit, en conſéquence, que M. Degré ſe diſculpât avant. Le comité troublé par cet incident, le dernier en a demandé raiſon à ſon accuſateur, & ils ſe ſont battus au piſtolet : M. de Trémerga a offert à ſon adverſaire de tirer le premier, comme l'offenſé ; celui-ci a manqué ſon coup, & eſt reſté en poſture pour recevoir le coup de monſieur de Trémerga ; mais cet ennemi généreux a tiré ſon piſtolet en l'air, & lui a dit qu'il lui donnoit la vie. M. du Lau touché de ce procédé noble, s'eſt précipité dans les bras de ſon rival pour l'embraſſer ; mais celui-ci l'a rejeté ſous prétexte de ne pouvoir être ſon ami, tant qu'il ne ſeroit pas lavé de l'accuſation.

M. Degré du Lau eſt à Paris pour ſavoir du maréchal quel eſt ſon propos, s'il l'a tenu & ſur quel fondement ?

Tel eſt le récit le plus vraiſemblable de cette aventure extraordinaire, contée de dix manieres différentes. On n'a point voulu le rapporter qu'il ne fût conſtaté ; c'eſt ainſi qu'il a été envoyé au duc de Rohan.

14 *Novembre* 1778. C'eſt au 28 de ce mois décidément qu'eſt fixée la cérémonie funebre en l'honneur du frere Voltaire, que la loge des Neuf-Sœurs ſe propoſe d'ordonner à ſa rentrée

solemnelle. On lui élevera un sarcophage, on prononcera son oraison funebre, & l'on lira d'autres morceaux pour le célébrer. Tous les freres doivent être en noir, il faudroit même qu'ils fussent en pleureuses.

15 *Novembre* 1778. On a arrêté plusieurs personnes soupçonnées d'avoir eu part à la mutilation des statues, parmi lesquelles on prétend qu'il y a plusieurs Jackeys Anglois.

16 *Novembre* 1778. Jeudi dernier on a donné à l'opéra, pour la premiere fois, *la finta Giardiniera*, ou la jardiniere supposée, opéra bouffon en trois actes, musique del signor Anfossi, maître de chapelle Napolitain : même dégoût pour le poëme de la part des spectateurs, & même goût pour la musique.

La signora Vidoli, nouvelle actrice, avoit commencé le rôle de la jardiniere, mais le public la trouva si mauvaise dès la premiere ariette, qu'il l'obligea de quitter la scene, & demanda à grands cris la signora Costanza Baglioni, qui devoit la remplacer à la seconde représentation. Elle étoit à l'amphithéatre, & fut forcée de monter sur le théatre en habit de ville.

L'autre, humiliée de cette préférence, & l'attribuant à M. de Vismes, perdit la tête au point d'attaquer dans la coulisse un homme qui lui ressembloit, & vouloit le poignarder. On l'arrêta & elle fut conduite en prison.

On a trouvé à ce spectacle de très-belles décorations, entr'autres une d'un décorateur Italien, qui a produit le meilleur effet & l'illusion la plus complete. Elle représente une galerie, & est du sieur Galliary.

(165)

16 *Novembre* 1778. Vendredi dernier le sieur Molé & sa femme qui, depuis la prison de celle-ci, tenoient rigueur au public & n'avoient pas joué, ont reparu. Mais au lieu de recevoir les huées, ou du-moins la correction qu'ils méritoient, le benêt parterre les a applaudis à tout rompre. Il n'est pas étonnant que l'insolence des histrions augmente journellement, lorsqu'on les gâte à ce point-là.

16 *Novembre* 1778. Il y a déja quelques mois que le ministere de Vienne, par une vengeance misérable, puérile & ridicule, ne pouvant répondre efficacement aux mémoires & écrits de la cour de Berlin ou de ses partisans, insérés dans le *Courier du Bas-Rhin* & dans le *Courier de l'Europe*, a pris le parti d'en faire interdire l'entrée & la lecture dans tous les états de l'impératrice reine. Ces deux Gazettes sont très-recherchées pour l'intérêt, la véracité & l'énergie de la premiere, exaltée par Me. Linguet même, fort sobre de louanges, & pour les détails curieux, étendus & rapides qu'on recueille dans la seconde concernant les affaires d'Angleterre, ce qui n'a dû qu'accroître la démangeaison de les avoir.

Le roi de Prusse a cru devoir prendre enfin fait & cause pour la premiere gazette imprimée dans ses états : en conséquence, le 3 de ce mois, usant d'une récrimination légitime, il a rendu une ordonnance, où il défend très-sévèrement à tous ses fideles sujets de faire venir, introduire ou débiter dans ses états les gazettes françoises des villes de Bruxelles & de Cologne, ainsi que celles allemandes de Cologne, de Francfort sur le Mein, & autres qui paroîssent sous la dénomination de *gazettes du bureau général des postes impériales*, sous peine d'une amende de 50 ducats, chaque fois, en cas de contravention.

La défense est motivée sur ce que depuis le commencement de la guerre actuelle, plusieurs rédacteurs de gazettes étrangeres, en s'écartant constamment & d'une maniere peu convenable des regles d'impartialité que leur prescrit leur état & leur devoir public, se sont rendus coupables envers le gouvernement du roi de Prusse.

17 *Novembre* 1778. Heureusement pour monsieur Roucher que M. Pidansat de Mairobert, censeur de son poëme *des Mois*, est un philosophe qui, quoique sage & circonspect, est en même temps judicieux & très-ferme. Tout autre à sa place auroit sans doute été effrayé de l'orage que le fanatisme élevoit sur la tête du poëte & peut être sur la sienne; il l'a bravé; il a répondu à M. *le Camus de Neville* qui lui avoit écrit de la part de M. le garde-des-sceaux, il lui a fait voir que l'auteur des inculpations avoit abusé de la confiance de monsieur l'archevêque, qu'il n'étoit nullement question de religion dans le poëme, & que toutes les inductions qu'on vouloit tirer de certains passages étoient forcées, puériles, ridicules, & sur-tout calomnieuses & de mauvaise foi. On assure que cette défense de M. Roucher est un petit chef-d'œuvre de logique.

18 *Novembre* 1778. Tout le monde a su l'événement arrivé au jeu de Marly, de ce rouleau de louis faux substitué à un véritable. C'est un mousquetaire réformé, nommé *Dulugues*, qui étoit l'auteur de cette fraude; il a été arrêté

& enfermé : on aſſure qu'il avoit été préſenté le matin. Cette police eſt, ſans doute, très-bien faite ; mais il feroit à defirer qu'on l'étendît aux ducheſſes, qui journellement eſcroquent les joueurs crédules leur confiant leur argent. Cette filouterie ſe pratiquoit dès le temps du feu roi, qui en avoit pris pluſieurs en flagrant délit & les avoit averties ; mais comme il n'y a rien de ſi impudent que les femmes de cour, au moyen de l'impunité elles continuent. Derniérement *madame* diſoit à meſſieurs de Chalabre & Poinçot, les banquiers du jeu de la reine : « on vous friponne bien, Meſſieurs. » —— *Madame*, nous ne nous en appercevons » pas », lui répondirent-ils par décence : mais ils s'en apperçoivent très-bien & n'oſent le manifeſter.

19 *Novembre* 1778. La reine jouit de la meilleure ſanté, mais ne fort plus de ſon appartement : pour que S. M. puiſſe jouir du ſpectacle durant cet intervalle & après ſes couches, on parle d'élever un théatre intérieur dans la partie de la galerie qui regne depuis la porte de l'œil de bœuf juſqu'à la porte de ſon appartement.

On parle de ſignaux qu'on prépare pour qu'en trois heures la cour de Vienne ſoit inſtruite de l'accouchement de S. M. Ces ſignaux s'exécuteront par des coups de canon, ſi le vent le permet ; ou l'on y ſuppléera par des feux allumés de diſtance en diſtance.

20 *Novembre* 1778. Le dégât de Marly n'eſt pas auſſi conſidérable qu'on l'avoit craint : il n'y a que dix morceaux d'endommagés, dont ſeulement deux de prix, *les Lutteurs & le*

Méléagre; ce qui annonce que les brigands qui ont commis cette barbarie n'étoient pas connoisseurs. Tout le ravage a été fait à la chûte du jour & en une demi-heure. On avoit choisi le jour de la fête du lieu, où les cabarets étoient pleins de peuple.

20 *Novembre* 1778. Le Sr. Bellecour vient de mourir; c'est une perte pour la comédie Françoise dans le haut comique. Il étoit frappé depuis la mort de le Kain, son ami, & d'ailleurs atteint d'une passion malheureuse pour la Dlle. Vadé, sa camarade, qui d'abord sensible à ses avances, lui faisoit depuis des infidélités journalieres.

21 *Novembre* 1778. Le chevalier Gluck est arrivé de Vienne avant-hier : il apporte avec lui deux opéra nouveaux & travaille à un troisieme. On sait déja que l'un des trois est *Iphigénie en Tauride*.

22 *Novembre* 1778. Ce qui a rendu le sieur Bellecour plus sensible aux infidélités de Mlle. Vadé, c'est qu'il se ruinoit pour elle, que tout récemment il venoit de lui acheter une maison à la barriere Blanche, & qu'à peine y avoit-elle été installée & eu la propriété assurée, que, par une ingratitude horrible, elle lui en avoit fait fermer la porte.

22 *Novembre* 1778. Vendredi dernier, d'ouzieme représentation de *Castor*, la salle s'est trouvée pleine comme à l'ordinaire, & plus s'il est possible. Les corridors regorgeoient de trois cents spectateurs, & l'on en avoit refusé davantage à la porte. Le contraste de la fureur pour aller à ce spectacle, avec le froid & l'ennui qui regnent dans l'assemblée est étonnant,

&

& il faut voir par ſes yeux cette merveille pour y croire.

23 Novembre 1778. Les comédiens François ont donné avant-hier la premiere repréſentation d'une comédie nouvelle en quatre actes & en vers, ayant pour titre : *Le Chevalier François à Turin*; & d'une autre en trois actes & en vers, *le Chevalier François à Londres*. Ces deux pieces ſont de M. Dorat. Le *Chevalier François* eſt ce fameux comte de Grammont, dont Hamilton a donné des mémoires ſi plaiſants. L'auteur ayant ouvert les yeux le matin ſur la hardieſſe de ſa double entrepriſe & ſur ſa mauvaiſe exécution, avoit voulu retirer ces comédies, ou du moins une ; mais monſieur le Noir s'y eſt oppoſé, & a prétendu que le public étant averti depuis trois jours, & diſpoſé à cet événement, il falloit en ſubir le ſort. Il a été des plus cruels, & monſieur Dorat a eſſuyé une bordée générale de huées ſans interruption, à peu près pendant ſix actes. Madame la comteſſe de Beauharnois, ſa maîtreſſe, ſeule dans la loge de l'auteur, en prenant la défenſe, applaudiſſoit de ſon mieux, crioit contre la cabale.

M. Dorat ne s'eſt pas apperçu d'abord que ce ſujet étoit contre les bonnes mœurs abſolument ; en ſecond lieu, qu'il étoit ſans action ; enfin que le charme qui regne dans le roman conſiſtoit dans des plaiſanteries ſi délicates, qu'il étoit preſqu'impoſſible de le tranſporter ſans les gâter. C'eſt ce qui eſt arrivé ; de l'ouvrage le plus ingénieux & le plus gai, il en a réſulté deux pieces froides, inſipides & ennuyeuſes au poſſible.

23 Novembre. L'animoſité ne faiſant que

Tome XII. H

s'accroître entre la faculté & la société royale de médecine, la premiere paroît disposée à mettre opposition à l'enrégistrement des lettres-patentes que la seconde a obtenues. Depuis la rentrée du parlement ses commissaires se remuent, sondent les magistrats & préparent leur attaque. La faculté est d'autant plus furieuse, qu'ayant établi un comité de correspondance générale avec les médecins du royaume & les étrangers, monsieur de Lassone, par son crédit, lui a fait interdire de fait cette correspondance, par le refus du contre-seing dont elle avoit besoin pour le transport & renvoi des paquets.

23 *Novembre* 1778. Les comédiens Italiens doivent donner aujourd'hui la premiere représentation du *Départ des Matelots*, comédie mêlée d'ariettes : on la dit du chevalier de Rutlidge & relative aux circonstances actuelles.

24 *Novembre*. 1778. Le *Départ des Matelots*, joué hier, n'a eu aucun succès, & n'est pas digne de son auteur. Quoiqu'en effet il ait rapproché dans cet ouvrage tout ce qui pouvoit plaire au ministere & à la nation, on ne lui en en a pas su plus de gré, & l'aventure de Boussard, & la lettre de M. Necker, & la naissance d'un dauphin pronostiquée dans un des couplets du vaudeville de la fin, n'ont pas mieux réussi. L'affectation de faire parler le marin, principal personnage, sa langue, & prendre toutes ses allégories dans son art, a sur-tout beaucoup déplu au parterre, n'entendant rien aux termes techniques du métier. La musique a semblé très-médiocre ; elle est d'un compositeur qui n'a

point encore paru, & qui ne donne pas par cet essai une haute idée de son talent.

Le *Savetier & le Financier* a eu quelques représentations depuis qu'on en a parlé, mais ne va que très-médiocrement & avec les secours des meilleures pieces. L'auteur est en effet monsieur Lourdet de Santerre, maître des comptes, qui passe pour avoir eu part aux pieces de madame Favart, & même à quelques-unes du mari, avec lesquels il vivoit en commun, ainsi que l'abbé de Voisenon. Ce poëte de société avoit composé l'ouvrage en question pour celle d'une madame de Bondi, riche financiere, donnant dans le bel esprit; elle a forcé la modestie de monsieur de Santerre à se montrer en nom sur la scene italienne, & son amour-propre n'est pas à se repentir d'avoir cédé aux instances de cette belle, & à celles de ses amis.

Voilà trois nouveautés tombées en bien peu de temps aux Italiens; il est question de plusieurs autres qui vont avoir lieu incessamment.

15 Novembre 1778. Les banquiers du jeu de la reine, pour obvier aux escroqueries & filouteries des femmes de la cour qui les trompent journellement, ont obtenu de sa majesté qu'avant de commencer, la table seroit bordée d'un ruban dans son pourtour, & que l'on ne regarderoit comme engagé pour chaque coup que l'argent mis sur les cartes au-delà du ruban. Cette précaution préviendra quelque friponneries, mais non celles exercées envers les pontes crédules qui confient leur argent aux duchesses, & que plusieurs nient avoir reçu lorsque leur carte gagne.

25 Novembre. Les protestants sont dans

l'attente de ce qui va fe paffer, & l'on a tout lieu de croire qu'ils vont obtenir enfin un état légal en France : le parlement continue à s'en occuper fous l'influence du miniftere ; on a gagné plufieurs prélats, & la faveur de monfieur Necker, jointe aux follicitations du docteur Franklin au nom des *Etats-Unis de l'Amérique*, eft plus que fuffifante pour étouffer les clameurs du clergé.

26 *Novembre* 1778. A l'occafion de l'accouchement de madame la comteffe de Strogonoff qui a fait baptifer fuivant le rit Grec fon enfant, qui eft une fille, un auteur, dont on ne dit pas le nom encore, a adreffé l'épître au mari, intitulée : *le Baptême à la Grecque*, & inférée précédemment ; elle eft très-bien faite & fort plaifante ; les dévots n'en rient pas cependant, ni les femmes ; mais il faut la prendre pour un pur jeu d'efprit.

27 *Novembre* 1778. Le nouveau journal de monfieur le Fuel de Méricour avoit pris cours en effet à Londres, fous ce titre, & a duré pendant quelques mois : on apprend que la mort a terminé la trifte vie de cet homme de lettres, qui n'étoit pas fans mérite, mais qui s'étoit attiré beaucoup d'ennemis par une grande caufticité.

27 *Novembre*. Il vient d'arriver d'Angleterre une gravure politique, que fa hardieffe empêchera de mettre en vente, avant qu'on y ait fait quelque correction. On y voit dans le lointain une bouillore de thé avec un grand feu deffous que fouffle un *Coq*, qui défigne fenfiblement la *France* par une fleur de lys dont il eft furmonté : il s'éleve de la bouillore

une épaisse fumée qui souleve le bonnet de la liberté. Les *Insurgents* à la droite le reçoivent, & à la gauche sont les *Anglois* qui s'enfuient emportant un joug brisé. Dans la partie inférieure & sur le devant est le *Temps*, un globe à ses pieds qu'il roule à son gré ; dans son miroir lumineux il fait voir ce grand événement & ses suites aux quatre parties du monde : l'*Europe* & l'*Asie* sont représentées par deux belles femmes, avec tout ce qui caractérise le luxe & la mollesse de l'une, le génie & les arts de l'autre : l'*Afrique* est figurée par un negre, & l'*Amérique* par un sauvage. Cette estampe allégorique est très-bien frappée, il y regne beaucoup d'ordre, de netteté, & un caractere original & singulier, qui ne laisse pas méconnoître le lieu où elle a pris naissance.

28 *Novembre* 1778. On commence à aller voir chez M. Greuze un tableau faisant suite de celui de la *Malédiction paternelle*. Le pere infortuné a succombé à sa douleur : le fils arrive dans ce moment ; la mere lui montre le cadavre, & il paroît en proie à ses remords & à sa douleur : les autres enfants remplissent & secondent chacun dans leur genre cette scene touchante. Tel est le fond de l'action, dont on parlera plus au long quand le jugement des connoisseurs sera fixé.

29 *Novembre* 1778. La cérémonie funéraire dont la *Loge des Neuf Sœurs* se proposoit d'honorer la mémoire du frere Voltaire, en suppléant en quelque sorte ainsi à celle que lui avoit refusée l'église, a eu lieu hier, jour indiqué. Pour la rendre plus solemnelle, monsieur d'Alembert devoit se faire recevoir maçon avant,

& y repréfenter l'*académie Françoife* en la perfonne de fon fecretaire ; mais le grand nombre de fes membres très-circonfpects a craint qu'après tout ce qui s'étoit paffé, cette démarche ne fcandalisât, ne réveillât la fureur du clergé, n'indifposât la cour ; c'eft devenu la matiere d'une délibération de la compagnie, qui a lié ce philofophe, quoique très-indifcrétement il eût donné fa parole en particulier. La loge défolée de ne pouvoir faire cette acquifition, en a été un peu dédommagée par le peintre Greuze, très-utile aux travaux dans fa partie.

Après la célébration des myfteres, interdite aux profanes, on a fermé la loge & l'on s'eft tranfporté dans une vafte enceinte en forme de temple, où la fête devoit fe célébrer. Le vénérable frere Lalande, les freres Franklin & comte de Strogonoff, fes affiftants, ainfi que tous les grands officiers & freres de la loge étant entrés pour faire les honneurs de l'affemblée, le grand-maître des cérémonies a introduit les freres vifiteurs deux à deux, au nombre de plus 150 : un orcheftre confidérable dans une tribune jouoit, pendant cette marche, celle d'*Alcefte* : il a exécuté enfuite différents morceaux de *Caftor & Pollux*, & tout le monde étant en place, le frere abbé Cordier de Saint-Firmin, agent-général de la loge, & celui auquel on doit l'imagination de la fête, eft venu annoncer que madame Denis & madame la marquife de Villette defiroient recevoir la faveur de jouir du fpectacle : la permiffion accordée, ces deux dames font entrées, l'une conduite par le marquis de Villette & la feconde par le marquis de Villevieille. Elles n'ont pu qu'être frappées du coup d'œil imposant du local & de l'assemblée, qui étoit restée décorée de ses différents cordons *bleus*, *rouges*, *noirs*, *blancs*, *jaunes*, &c. suivant les grades.

Après avoir passé sous une voûte étroite, on trouvoit une salle immense tendue de noir dans son pourtour & dans son ciel, éclairée seulement par de tristes lampes, avec des cartouches en transparents, où l'on lisoit des sentences en prose & en vers, toutes tirées des œuvres du frere défunt. Au fond se voyoit le cénotaphe.

Les discours d'appareil ont commencé. Le vénérable a d'abord fait le sien, relatif à ce qui alloit se passer : l'orateur de la loge des *Neuf-Sœurs*, frere Changeux, a parlé après lui un peu plus longuement : frere Coron, l'orateur de la *Loge de Thalie*, affiliée à celle des *Neuf-Sœurs*, a débité son compliment de mémoire, &, quoique plus court, il a paru le meilleur ; enfin frere la Dixmerie a commencé l'éloge de Voltaire. Il a suivi la méthode de l'académie Françoise, & a lu son cahier, ce qui refroidit beaucoup le panégyriste & l'auditoire. On y a observé quelques traits saillants, mais peu de faits & point d'anecdotes. Frere la Dixmerie s'est étendu trop amplement sur les œuvres de ce grand homme, qu'il a disséquées en détail, & n'a point assez parlé de la personne. Nulle digression vigoureuse, nul écart, nul élan ; on voyoit que l'auteur, continuellement dans les entraves, ne marchoit qu'avec une circonspection timide, qui l'obligeoit de faire de la réticence sa figure favorite. Le seul endroit où il se soit animé & ait mis un peu de chaleur, ç'a été dans son apostrophe aux ennemis fougueux de son héros, où, après avoir dit tout ce qui pouvoit les toucher, les attendrir : *si sa mort enfin ne vous réduit pas au silence*, a-t-il ajouté, *je ne vois plus que la foudre qui puisse en vous écrasant vous y forcer!* A l'instant des coups redoublés de tonnerre d'opéra se font entendre; le cénotaphe a disparu ; & l'on n'a plus vu dans le fond qu'un grand tableau repréfentant l'*apothéose de Voltaire*. On auroit desiré que, par une heureuse adresse, on eût en même temps fait succéder à la décoration lugubre de la salle, une décoration brillante & triomphale.

Frere Roucher a terminé la séance, en déclamant un morceau du mois de *Janvier*, de son *Poëme des Mois*. Il faut se rappeller la persécution excitée déja contre son ouvrage, quoiqu'il ne soit pas encore imprimé : son zele contre le fanatisme s'est animé, & lui a fait enfanter la tirade en question relative à la mort de Voltaire, & au refus de l'enterrer ; il a comparé cette injustice avec les honneurs accordés aux cendres d'un prélat hypocrite, d'un ministre concussionnaire : dans ces deux portraits il a désigné sensiblement le cardinal de la Roche-Aymon & l'abbé Terrai, morts peu avant, & a fini par annoncer que *toute la terre où reposeroit la cendre de Voltaire, seroit une terre sacrée*.

Où repose un grand homme, un Dieu doit habiter.

Un enthousiasme général a saisi tous les spectateurs transportés ; on a crié *bis*, & il a fallu qu'il recommençât. On ne sait comment le clergé & le gouvernement prendront ce morceau ; on craint qu'il ne mérite à l'auteur l'animadverſion de l'un, & la vengeance implacable de l'autre.

30 Novembre 1778. M. Dorat, indocile aux ſifflets du public, a haſardé encore ſes deux pieces. La ſeconde fois qu'elles ont été données, il avoit ſupprimé un acte de la premiere & un rôle entier de la ſeconde, outre pluſieurs autres élaguements & coupures. Il a imaginé enſuite de les faire jouer ſéparément : enfin on aſſure qu'il va débarraſſer le ſpectacle abſolument d'une, qui eſt la premiere, le *Chevalier François à Turin* : ſon amour-propre, étrangement humilié, cherche ainſi à faire une retraite prudente qui lui facilite l'indulgence de parterre.

1 *Décembre*. 1778. L'établiſſement que forment aujourd'hui à Chaillot les freres Perier pour procurer de l'eau aux fauxbourgs & quartier Saint-Honoré, où elle refluera de ce vaſte réſervoir, n'eſt que la premiere opération de leur entrepriſe très diſpendieuſe. Ils ſont heureuſement ſecondés par une compagnie de gens opulents qui font les fonds.

1 *Décembre*. M. de Vougny, appellé *Vougny Maurepas*, à cauſe de l'amitié tendre que ce ſeigneur & ſa femme ont pour lui, eſt un particulier riche, ſans état, mais très-affairé pour les autres qui ont recours à lui & qu'il oblige de ſon mieux. Son grand plaiſir eſt de faire beaucoup de chemin en peu de temps, il y a peu de jours où il n'ait ſes 20 ou 30 lieues pardevers lui. Mardi, ſe rendant à l'enterrement de madame le Gendre, belle-mere

de M. Amelot, le cousin-germain de M. de Vougny, il arriva tard ; on étoit dans le chœur à faire l'office, il ne vit point la fosse sur son chemin, tomba dedans, se cassa la jambe & s'évanouit ; heureusement le fossoyeur y étoit & le retira.

Cet événement funeste a bientôt été su de tout Paris : les princes du sang ont envoyé chez M. de Vougny, les ministres y sont venus, il s'est inscrit 400 personnes sur sa liste, & cette lecture l'a réjoui. Parmi les femmes les plus distinguées de la cour, on y trouvoit des laïs de toute espece dont il est le protecteur. On espere lui conserver la jambe.

1 *Décembre* 1778. Par une circonstance remarquable qu'on a oubliée dans la relation de la fête funéraire célébrée en mémoire de M. de Voltaire, il est à observer que c'est au noviciat des jésuites, où vingt loges de franc-maçons se sont établies, & entr'autres celle des *Neuf-Sœurs*, qu'elle a eu lieu. Les bons peres se seroient-ils jamais attendus à cette bizarre destinée d'un des principaux berceaux de l'ordre ?

1 *Décembre*. Pour donner plus d'importance à la fête de la *Loge des Neuf-Sœurs*, outre M. d'Alembert, messieurs le marquis de Condorcet & Diderot devoient s'y faire recevoir aussi : tous trois ont manqué.

Madame Denis a touché 150,000 livres de la vente de la bibliotheque de M. de Voltaire à l'impératrice de Russie : c'est le prix qu'y a mis cette magnifique souveraine ; elle y a joint des fourrures de la plus grande beauté & une lettre très-flatteuse. On doit ajouter aux livres toutes les lettres originales qu'on pourra faire imprimer & autres manufcrites qui ne feroient pas dans le même cas. Madame Denis a feulement demandé permiffion d'en garder copie.

L'impératrice des Ruffies defire en outre des plans exacts & dans tous les fens du château de Ferney : elle fe propofe d'en faire conftruire un pareil dans un de fes châteaux de plaifance & d'y élever un monument à la mémoire du philofophe ci-devant feigneur du lieu.

La place de M. de Voltaire à l'académie Françoife refte encore vacante, & la compagnie ne femble pas difpofée à lui donner de fi-tôt un fucceffeur ; on la croit toujours en négociation avec le miniftere pour le fervice d'ufage à faire aux cordeliers.

En attendant, M. d'Alembert l'a en quelque forte remplacé par Moliere, dont il a fait placer le fameux bufte par Houdon à l'académie. Quand il a été queftion d'y mettre une infcription, quelqu'un avoit propofé d'écrire *Moliere de l'Académie Françoife après fa mort*, & cette phrafe avoit été retournée dans tous les fens: on a préféré ce vers de M. Saurin :

Rien ne manque à fa gloire, il manquoit à la nôtre.

2 *Décembre* 1778. M. l'archevêque s'eft toujours oppofé à la deftruction des céleftins de Paris, & a apporté à cette opération de la commiffion concernant les réguliers, tous les obftacles qu'il a pu. Voyant que la tranflation décidée des cordeliers dans la maifon des autres religieux alloit la confommer fans retour, il a cru devoir témoigner authentiquement fon

improbation. En conséquence il a déclaré au gardien des cordeliers, quand il est venu lui faire part de l'ordre du roi, qu'il respectoit fort les ordres de sa majesté; mais que tous ceux qui iroient dans le nouveau couvent seroient interdits: ce qu'il a exécuté à l'égard de six religieux qui y sont déja.

2 *Décembre* 1778. C'est l'abbé Durouzeau à qui l'on attribue la piece intitulée, *le Baptême à la Grecque* : il est particuliérement attaché au comte de Strogonoff, & tout le monde sait qu'il est l'auteur de l'*Eloge de Catherine*, qui a paru sous le nom de ce seigneur Russe, dont on a si fort exalté le talent d'écrire aussi bien dans notre langue.

3 *Décembre* 1778. On voit dans le *Mercure* du 15 novembre un éloge du docteur *Quesnay*, le chef de la secte des économistes, par monsieur d'Alembert. Quoiqu'il ne soit qu'un réchauffé de celui lu à l'académie des sciences par M. de Fouchy, la société libre d'émulation issue de ce maître, fondée sur ses principes, & disposée à les propager, a délibéré de députer vers le panégyriste pour le remercier. En conséquence monsieur le marquis de Senneterre, l'un des présidents de la société, y est allé & s'est acquitté de la reconnoissance de sa compagnie.

3. *Décembre* 1778. Les comédiens François doivent jouer incessamment *Œdipe chez Admete*, nouvelle tragédie de M. Ducis, déja exécutée à la cour, mais avec un succès équivoque.

4 *Décembre* 1778. Le sieur Gudin, prôneur infatigable de son ami Beaumarchais, lui a adressé, il y a quelque temps, une épître en vers insé-

rée dans le *Courier de l'Europe* fous fon nom, en parlant du grand-conseil ci-devant métamorphofé en parlement ; il y a mis ce vers :

D'un Sénat avili la balance vénale.

Ce tribunal a regardé comme une infulte une pareille imputation ; après avoir donné à l'auteur le temps de fe rétracter, il l'a décrété de prife-de-corps, & a fait faifir & annoter fes meubles.

Le fieur de Beaumarchais cherche à échauffer le parlement en faveur de fon panégyrifte, & voudroit un conflit de jurifdiction.

5 *Décembre* 1778. Le projet concernant l'éducation & l'enfeignement des fourds & muets eft abfolument paffé au confeil le 21 du mois dernier. Ce fera M. l'abbé de l'Epée qui aura la direction de l'établiffement, qui fe formera par la commiffion concernant les réguliers, & fera doté d'une portion des biens provenant de la deftruction des céleftins. Quant aux arrangements ultérieurs pour parvenir à fon exécution, deux commiffaires, meffieurs Taboureau & l'évêque de Rodez, font chargés d'y veiller en particulier. L'arrêt du confeil paroît.

5 *Décembre*. *Œdipe chez Admete*, nouvelle tragédie de monfieur Ducis, a eu lieu vendredi. Cet auteur, impatient de jouir de fa gloire, a vu avec indignation que s'il attendoit fon rang, il languiroit encore long-temps ; comme il a l'honneur d'être fecretaire des commandements de *monfieur*, il a profité de la faveur de ce prince pour être demandé à la cour & joué ; tournure qui l'a fait devancer fes camarades.

peu contents de ce passe-droit ; au reste, sa pièce mal faite au fond, a des scenes d'une grande beauté, qui ont valu à M. Ducis un succès brillant.

6 Décembre 1778. Quoique *monsieur* ne fasse encore rien qui annonce son projet d'habiter le Luxembourg, on sait cependant qu'il s'en occupe sérieusement, & qu'il est grandement question de réunir à ce palais le vaste terrein des chartreux y contigu ; il est de 160 arpents. On a déja proposé à ces solitaires de les transférer au fauxbourg Saint-Marceau, & de leur fournir un local pareil, avec un édifice où ils trouveroient tout ce qu'ils abandonneroient dans le premier.

Une compagnie se présente pour rebâtir un nouveau palais à son altesse royale, qu'on reculeroit jusqu'au parterre actuel du jardin ; ces messieurs se récupéreroient sur des maisons qu'ils auroient la liberté d'élever dans certaines portions du terrein : la mise dehors seroit de quinze millions.

6 Décembre 1778. C'est le sieur Grimm, ministre plénipotentiaire du duc de Saxe-Gotha, qui a fait pour l'impératrice des Russies l'achat de la bibliotheque de Voltaire, & c'est dans son superbe parc de Czarskozelo que doit être bâti le château pareil à celui de Ferney, avec toutes ses attenances & dépendances. Il y sera élevé un Muséum, dans lequel on arrangera les livres dans l'ordre où ils étoient placés. Le sieur Vanieres, secretaire du défunt, doit se rendre à Pétersbourg à cet effet. La statue du maître s'élevera au milieu.

Cette souveraine a joint aux présents qu'elle

a fait remettre à madame Denis, une lettre écrite de sa main, en date du 15 octobre : la suscription est *pour Madame Denis, niece d'un grand homme qui m'aimoit beaucoup.* Cette épître singuliere est un monument à conserver.

" Je viens d'apprendre, Madame, que vous consentez à remettre entre mes mains ce dépôt précieux que M. votre oncle vous a laissé, cette bibliotheque que les ames sensibles ne verront jamais sans se souvenir que ce grand homme sut inspirer aux humains cette bienveillance universelle que tous ses écrits, même ceux de pur agrément, respirent, parce que son ame en étoit profondément pénétrée. Personne avant lui n'écrivit comme lui ; il servira d'exemple & d'écueil à la race future. Il faudroit unir le génie & la philosophie aux connoissances & à l'agrément, en un mot, être M. de Voltaire, pour l'égaler. Si j'ai partagé avec toute l'Europe vos regrets, Madame, sur la perte de cet homme incomparable, vous vous êtes mise en droit de participer à la reconnoissance que je dois à ses écrits. Je suis, sans doute, très-sensible à l'estime & à la confiance que vous me marquez ; il m'est bien flatteur de voir qu'elles sont héréditaires dans votre famille. La noblesse de vos procédés vous est caution de mes sentiments à votre égard.

" J'ai chargé M. Grimm de vous en remettre quelques foibles témoignages, dont je vous prie de faire usage. "

[Signé] CATHERINE.

7 Décembre 1778. Quoique la tragédie de M. Ducis ait le mérite bien rare aujourd'hui de tenir de la simplicité des anciennes, cependant il a été obligé, pour donner quelque chose au goût moderne de compliquer deux sujets dans un: celui d'*Œdipe* à *Colonne*, de *Sophocle*; & celui d'*Alceste*, d'*Euripide*: il a tâché de les fondre & de les amalgamer de son mieux; ce qui n'empêche pas que l'intérêt divisé n'en souffre en se partageant & changeant fréquemment d'un acte & même d'une scene à l'autre.

Les furies, divinités de la *Thessalie*, où elles avoient un temple, avoient exigé qu'*Admete*, roi de ces contrées, se sacrifiât pour le salut de son peuple. Son épouse *Alceste* consent à s'immoler à sa place; *Œdipe* repoussé par-tout, survenu dans ces circonstances, en reconnoissance de l'hospitalité qu'il trouve auprès d'*Admete* & d'*Alceste*, se dévoue & sauve la vie à tous deux.

Polinice, second fils d'*Œdipe*, frere d'*Etéocle*, roi de *Thebes*, chassé du trône, se réfugie à *Pherès* & demande du secours à *Admete*; ce qui occasione sa rencontre avec son pere & produit la belle scene du cinquieme acte, où *Polinice* instruit par ses propres malheurs, s'attendrit sur le sort de son pere, se répand, est déchiré de remords, s'efforce d'obtenir son pardon, & n'y parvient qu'après avoir épuisé toutes les ressources que peut faire naître cette situation. *Antigone*, fille d'*Œdipe*, accompagnant & guidant son pere, intercédant pour son frere, ne contribue pas peu à augmenter l'intérêt.

Le grand défaut de l'auteur est de filer trop ses scenes, de les affoiblir en les prolongeant,

& de laisser long-temps avant prévoir la catastrophe; ce qui en a fait manquer tout l'effet:
d'ailleurs, elle tient beaucoup de l'opéra par
un spectacle à machines, peu propre à maintenir
l'illusion du sentiment. Tout le premier acte,
uniquement en descriptions poétiques, n'expose
rien. Le second & le quatrieme sont foibles &
languissent, & le dénouement est de commande
& postiche.

8 *Décembre* 1778. Un accident arrivé au sieur
Monvel, l'un des acteurs de la nouvelle tragédie,
au moment où il sortoit de la scene après avoir
achevé son rôle, a retardé la seconde représentation, & a donné le temps à l'auteur de
faire des améliorations & sur-tout de raccourcir;
car il peche principalement par des longueurs
& des répétitions qui ne finissent pas. Son style
est aussi vicieux en beaucoup d'endroits, par
une bouffissure qu'on lui reproche depuis long-
temps, & dont il ne s'est pas encore tout-à-fait
corrigé.

9 *Décembre* 1778. Les paillards honteux de
cette capitale, peu alarmés de la derniere ordonnance de police concernant les filles publiques, parce qu'ils ne croyoient pas qu'elle
fût mise en exécution, commencent à s'en
plaindre amérement depuis qu'ils se voient à la
veille de manquer de cette denrée par les enlé-
vemens considérables qu'on en fait. Mais le
libertinage & la corruption sont portés à un
point si excessif, qu'il faudroit bien d'autres remedes pour en tarir la source.

9 *Décembre*. Les comédiens Italiens, féconds
en nouveautés depuis quelque temps, annoncent encore pour demain le *Porteur de Chaise*,

comédie parade en deux actes, mêlée d'ariettes.

10 *Décembre* 1778. Il paroît deux mémoires intéressants dans les circonstances actuelles, relativement à des différends élevés concernant les prises.

L'un pour les sieurs Risteau pere & fils, négociants à Bordeaux, propriétaires & armateurs du navire l'*Isabelle*, &c. contre Daniel Maknil, capitaine du corsaire le *Général Mifflins* de Portsmouth en Amérique. Il est de Me. de Chabans avocat, & l'on y agite la question, non moins importante pour les deux nations alliées que pour les réclamants, si un navire François *envahi par un pirate, délivré sans combat par l'apparition d'un corsaire Américain,* & rentré au même instant sous le commandement de son capitaine *qui l'a conduit dans un port de France, & qui est entré dans ce Port avec le pavillon François*, appartient à ses armateurs & à ses propriétaires légitimes, ou au corsaire Américain ?

L'autre, pour les sieurs Bouffer pere & fils, & consorts, armateurs du navire l'*Aquilon*, contre M. le procureur-général au conseil royal des prises, roule sur le tiers de ce navire, adjugé par le conseil des prises aux vaisseaux du roi le *Vengeur* & la *Belle-poule*. Ce qui donne lieu à demander si les loix du royaume accordent encore les droits de *recours* ou de reprise aux vaisseaux de sa majesté ? Si les secours que ces vaisseaux prêtent au commerce maritime doivent se payer en argent, récompense que les ordonnances réservent aux corsaires particuliers ? Ce dernier mémoire est de Me. d'Amours, avocat.

10 *Décembre* 1778. L'académie royale de musique a fait exécuter sur son théatre le lundi 7 de ce mois, par extraordinaire, la premiere repréfentation de *la Buona Figliola*, oppéra bouffon en trois actes del signor Piccini. On connoissoit déja la musique de cette piece jouée aux Italiens, mais adaptée à des paroles françoises: quoique celles-ci ne fussent pas merveilleuses, elles avoient le mérite d'être dans notre langue & réduites à un volume moins considérable pour le récitatif & moins ennuyeux que tous les opéra bouffons que nous connoissons. Les enthousiastes de cette musique la préferent dans son état naturel; ils prétendent qu'elle a ainsi plus de caractere, que les airs y sont mieux adaptés aux personnages & aux situations, qu'en un mot elle produit infiniment plus d'effet en original qu'en parodie.

11 *Décembre* 1778. Le concert spirituel se soutient & s'améliore continuellement, depuis que le sieur le Gros en a la direction; il y jette même une sorte d'intérêt difficile à trouver dans un spectacle comme celui-là, froid & sans action. Un *Oratorio*, dont le poëme est de monsieur Gilbert, & la musique de M. le Moine, intitulé le *Vœu de la patrie*, avoit attiré beaucoup de monde & a été fort applaudi; mais on a surtout été enchanté de madame Todi, cantatrice qui a réuni tous les suffrages pour la beauté de sa voix, pour son chant facile & plein de graces, & plus encore pour l'exécution de certains passages de gosier imitant les instruments, mais ne produisant de la part des autres que l'admiration stérile d'efforts, heureux à vaincre des difficultés dont malheureusement le

spectateur s'apperçoit toujours. Madame Todi, uniquement occupée de seconder le compositeur, de rendre l'expression musicale, n'a aucune prétention aux tours de force, & séduit plus qu'elle n'étonne; on croiroit qu'on va chanter comme elle.

11 *Décembre* 1778. Voici le fait qui a donné lieu à la contestation qu'élevent les sieurs Risteau. L'*Isabelle*, navire qu'ils avoient armé avant la guerre, revenant de la Guadaloupe sous les ordres du capitaine Dubray, étoit parti de cette isle pour Bordeaux le 29 juin 1778, avec une cargaison de sucre, de café & de coton, sous l'escorte du *Prothée*, qui l'abandonna, comme les autres, à la hauteur des isles Bermudes.

Le 2 Août il fut rencontré par une Goëlette Angloise de 14 canons; le capitaine, après l'avoir visité, lui dit qu'*il n'avoit pas ordre de prendre les François.*

Le 19 du même mois il fût arrêté par un Guernésien, dont le commandant lui dit *qu'il n'étoit pas sûr qu'il fût de bonne prise, & qu'il ne l'arrêtoit que sur le dire d'un Hollandois sorti de Bordeaux depuis trois jours, qui lui avoit appris que la guerre étoit déclarée avec la France avant son départ.*

Le 22, le Guernésien apperçut le corsaire du sieur Maknil, portant pavillon Américain; il ne jugea pas à propos de l'attendre, il abandonna sa prise, détenue pendant trois jours.

Alors le capitaine Dubray, cessant d'être au pouvoir du Guernésien, reprit son commandement; le sieur Maknil lui donna les secours dont il avoit besoin, offrit de l'escorter, en l'engageant cependant de faire route pour l'Orient où alloit le Boſtonien.

Après avoir mouillé *battant pavillon François*, il paſſa à bord du ſieur Maknil pour le remercier : celui-ci répondit qu'il étoit *charmé de lui avoir rendu ſervice* : mais un inſtant après, ſur une converſation qu'il eut avec le ſieur Maillan, ſe diſant agent du congrès, il prétendit que ce navire lui appartenoit comme priſe faite ſur le Guernéſien, & fit ſa déclaration en conſéquence le 31 août au greffe de l'amirauté.

Les ſieurs Riſteau, en réclamant leur propriété au bureau des priſes, avoient par reconnoiſſance offert au ſieur Maknil le tiers du navire & de ſa cargaiſon ; mais l'adverſaire les a refuſées : il s'eſt oppoſé au jugement qui avoit reçu leſdites offres, & l'inſtance a été évoquée au conſeil.

11 *Décembre* 1778. *Le Porteur de Chaiſe* eſt du ſieur Monvel : il a été joué hier avec les meilleures diſpoſitions du public ; mais il n'a pas été poſſible de trouver bonne cette comédie parade, où il y a cependant de très-jolis morceaux de muſique. Celle-ci eſt du ſieur Déſaides, le compoſiteur ordinaire du poëte.

12 *Décembre* 1778. Il réſulte trois queſtions du fait expoſé concernant l'inſtance des ſieurs Riſteau, pendante au conſeil.

1º. Un navire, dont le capitaine n'a pas de lettres de marque pour faire la courſe contre les ſujets d'une puiſſance ennemie, peut-il faire des priſes légitimes ?

2º. Un navire pris & abandonnné à la vue d'un navire ſupérieur, appartient-il au capitaine de ce dernier navire, quoiqu'il n'en ait pas pris possession, & l'ait laissée reprendre par le capitaine des premiers propriétaires.

3°. Dans le cas d'une reprise, les avantages qui en résultent, doivent-ils être déterminés par les loix du capteur ou par les loix des propriétaires ?

On répond à la premiere question que le Guernésien étant un pirate, puisqu'il avoit envahi le navire l'*Isabelle* sans droit, sans y être autorisé par des lettres de son souverain, son invasion étoit illégitime, & ne pouvoit porter aucune atteinte légale à la propriété des sieurs *Risteau*.

On répond à la seconde, que même, en supposant que le navire eût été de bonne prise pour le Guernésien, le Bostonien, faute d'avoir pris possession du navire repris, soit à la maniere des Anglois, soit conformément à ce que prescrivent les réglements faits pour les corsaires François, doit être destitué d'une prétention qui n'est plus fondée que sur les actes de violence qu'il a commis dans le port.

On répond enfin à la troisieme, que le capteur doit se conformer aux loix de son pays, les seules qu'il connoisse ; & que les sieurs Risteau en offrant à leur adversaire le tiers du navire & de sa cargaison, lui avoient accordé tout ce qu'ils pouvoient dans l'hypothese la plus favorable où le sieur Maknil puisse être placé.

Ce procès singulier & important, bien propre à exercer la sagacité du conseil, n'est pas encore jugé.

13 *Décembre* 1778. Au moment où les bons patriotes se flattoient que les protestants alloient

recouvrer enfin un état légal en France par le concours de la magistrature avec le ministere, & même avec des membres philosophes du clergé, le parlement a reçu défenses de s'en occuper. Le roi a envoyé chercher le premier président, il lui a dit que sa sagesse lui suggéroit de différer en cette occurrence l'exécution d'un projet qu'il desiroit, mais pour laquelle le moment n'étoit pas venu, & qu'il attendoit de l'obéissance de son parlement que la matiere ne seroit point mise en délibération aux chambres assemblées, qu'il ne lui ait fait connoître ses intentions par une loi expresse.

On croit que la crainte d'indisposer le clergé, lorsqu'on est sur le point de lui demander un secours extraordinaire, a été le motif de cette variation du gouvernement. Quant au roi, on sait qu'il est, personnellement, peu zélé pour ou contre relativement à la religion, sur laquelle les mauvais documents du duc de L*** d'une part, & les maximes philosophiques du comte de Maurepas, de M. Turgot, de M. Necker de l'autre part, l'ont réduit à une parfaite indifférence.

14 *Décembre* 1778. On connoît déja l'objet de la contestation de MM. Rouffé contre les capitaines du *Vengeur* & de la *Belle-poule*. Mais on ne savoit pas sur quoi fondés, les commissaires leur avoient adjugé le tiers du bâtiment.

C'est le 28 septembre que l'*Aquilon*, commandé par le capitaine Lavignebuisson, revenant de l'Inde, à 70 lieues de l'isle de Grouais, fut attaqué par un corsaire Anglois qui se disposoit à l'amariner, lorsque le vaisseau du roi le *Vengeur* & la frégate la *Belle-poule*, attirés par le bruit du combat, parurent avant le jour & prirent le corsaire, estimé environ 300,000 livres. Ils convoyerent l'*Aquilon* jusqu'à l'isle de Grouais, & le 5 octobre il entra au port de l'Orient libre, & sans que les commandants de ces vaisseaux eussent rempli aucune des formalités qui annonçât leur prétention au droit de recousse. Depuis, ayant formé leur demande le 21 octobre, sans entendre les armateurs, est intervenu un jugement au conseil des prises, par lequel on donne main-levée du navire, *en payant néanmoins préalablement le tiers dudit navire, agrêts & appareaux, & de son chargement, aux sieurs comte d'Amblimont & de la Clocheterie, pour droit de recousse.*

Les armateurs de l'*Aquilon* ont présenté leur requête au conseil royal des finances, pour être reçus appellants de ce jugement : un arrêt rendu le 8 novembre reçoit leur appel, &c.

14 *Décembre* 1778. M. l'abbé Xaupi, le plus ancien des abbés de France, vient de mourir à 92 ans, encore est-ce par un accident, il s'est cassé la cuisse en montant en carrosse. Il étoit doyen de la faculté de théologie de Paris & de Navarre : il étoit, comme beaucoup de ses confreres, croyant peu à ce qu'il enseignoit, mais obligé de garder l'extérieur ; il avoit pris parti pour le jansénisme, & s'étoit fait des querelles très-vives avec son corps, qui lui avoit fait interdire ses assemblées.

M. l'abbé Xaupi étoit en outre homme de lettres, érudit, philosophe ; c'étoit un coopérateur de la société de madame Doublet, & avoit beaucoup travaillé à ces notices, qui ont fait la base des *Mémoires Secrets de Bachaumont*, &c.

si rares & si recherchés. On doit trouver dans ses manuscrits des choses très-précieuses en pareil genre. (Cet article est extrait d'une gazette manuscrite très-accréditée dans Paris.)

M. d'Arget, envoyé de Liege, dont on a annoncé l'accident il y a plusieurs mois, vient de succomber enfin, victime de la malheureuse opération qu'il avoit subie.

14 *Décembre* 1778. *Castor & Pollux*, à sa dix-huitieme représentation, avoit déja rendu plus de 100,000 livres de recette.

M. de la Harpe, excédé des querelles qu'il s'attire ici avec tout le monde, paroît tenté d'y faire diversion par un voyage en Russie. Mais s'il a lieu, ce ne sera que dans quelques mois. En attendant on assure qu'il s'est rapatrié avec le sieur Pankouke, & au lieu de 6,000 livres il en aura 3,000 livres pour présider à la rédaction du *Mercure*.

15 *Décembre* 1778. M. de Cailhava ne renonce point à faire recevoir sa comédie des *Journalistes* : il prétend l'avoir présentée successivement à quatre censeurs qui tous l'ont trouvée très-jouable, mais, par crainte du ressentiment des aristarques bafoués, n'ont osé signer leur approbation. Le poëte cherche aujourd'hui des protecteurs à la cour, & sollicite un ordre du roi qui mette l'approbateur à couvert; il a eu recours au comte Jules de Polignac.

15 *Décembre*. Outre les considérations générales qui s'élevent en faveur des propriétaires de l'*Aquilon*, tirées de la crainte que le gouvernement doit avoir de décourager le commerce, si les secours qu'il reçoit de la marine royale ne lui sont pas accordés avec le même désintéresse-

ment qu'il éprouva sous les regnes de *Louis XIV* & de *Louis XV*, ils établissent deux propositions plus péremptoires : 1°. Dans le fait, leur navire n'étoit pas pris lorsqu'il a été secouru. 2°. Dans le droit, il ne seroit dû aucune recousse aux vaisseaux du roi. 3o. Enfin les magistrats ont pris sur eux de faire revivre, en faveur du roi, un droit auquel Louis XIV & Louis XV avoient renoncé, non-seulement par le silence de leurs ordonnances, mais encore par des dispositions solemnelles, & que Louis XVI même par de nouvelles loix sur la marine avoit affecté de ne pas rappeller; ils ont excédé leur pouvoir, & la puissance législative a seule droit de faire des loix fiscales.

16 Décembre 1778. M. d'Alembert, fort satisfait d'avoir réussi dans les deux coups fourrés qu'il a portés au clergé en faveur de Voltaire, commence à convenir qu'il a eu long-temps peur qu'ils ne manquassent : aujourd'hui il se prévaut du silence du gouvernement & triomphe. Ces deux coups fourrés sont l'arrêté de ne point ordonner le service d'usage pour aucun confrere avant qu'on eût célébré celui de l'académicien anathématisé; & l'éloge proposé publiquement de cet impie & proposé en vers, afin d'éviter la formalité des censeurs de la faculté de théologie qui auroient pu chicaner les candidats. Mais que de peines, que de délais, que d'anxiétés ne lui a pas coûté ce double projet ! Il a été plus de six semaines a épier le moment favorable. Il faut, pour qu'une délibération de l'académie Françoise soit valable, être douze unanimes; il s'est souvent vu ce nombre de cabalants réunis, mais avec de faux freres, dont il craignoit la pusillanimité, ou l'indiscrétion, ou la fureur.

Pour mieux favoriser son plan de despotisme dans sa compagnie sans affectation, le secretaire a imaginé depuis quelque temps d'avoir chez lui trois fois par semaine, au sortir de la séance, de petits conventicules, où l'on met au jour, l'on prépare, l'on combine, l'on dirige toutes les délibérations propres au succès de ses entreprises; on appelle ces assemblées les *soirées de M. d'Alembert*. Elles remplacent les *conversations* de M. de Foncemagne au Palais-Royal; conversations tombées depuis que ce vieillard menace ruine: elles étoient une foible émanation des *journées de madame Doublet*, dont il avoit été long-temps membre & acteur.

16 Décembre 1778. Dans l'assemblée des chambres qui a eu lieu hier au parlement, cette compagnie, docile aux insinuations données à son premier président au sujet des délibérations sur l'affaire des protestants, a arrêté de s'en rapporter à la sagesse du roi.

17 Décembre 1778. L'animosité ne fait que s'accroître entre la faculté & la société royale de médecine. Celle-ci continue à mettre en usage tout le crédit de son fondateur, M. de Lassone, pour prévenir les divers efforts que l'autre voudroit faire contr'elle: tout récemment encore craignant qu'un comité de 24 docteurs, nommés par la faculté pour s'assembler entr'eux & conférer sur les objets de spéculations de cette science, n'acquît de la consistance & ne rendît ses travaux superflus, elle lui a fait défendre par ordre du roi de s'assembler. Ce dernier coup de despotisme a indigné les zélés, & l'un d'eux s'est permis une *Chanson historique* sur un air vieux, & un *Noël nouveau*, fur l'air *tous les bourgeois de Chartres*: il a trompé toute la vigilance de la police, & ces deux vengeances poétiques font imprimées : chaque membre de la fociété a fon lardon dans le noël, & eft peint d'une maniere peu flatteufe & vraie, à ce qu'affurent ceux qui font au fait des perfonnages & des anecdotes.

Il paroît auffi un imprimé fur la même matiere: *Lettre du Signor Miracolofo Fiorentini, à monfieur Paulet, Docteur Vindebonien, membre de la Société Royale de Médecine, auteur de l'admirable & inimitable gazette de fanté*. Elle eft datée du 18 novembre.

17 Décembre 1778. Le poëme de *la Buona Figliola* eft du fieur Goldoni, & conféquemment a un enfemble que n'ont point les autres opéra bouffons ; ce qui ne contribue pas peu à faire valoir la mufique. Elle continue d'avoir le plus grand fuccès, & le mérite. Le premier jour on demanda le fieur Piccini, ce qui n'étoit encore arrivé à ce fpectacle que pour le fieur Floquet ; il parût & il fut applaudi à tout rompre ; le fecond jour il a cru devoir fe refufer au même empreffement.

17 Décembre. Quoique monfieur *Vaugny Maurepas* ne foit pas un homme à bons mots, & quoiqu'une jambe caffée dût naturellement les arrêter chez le plaifant le plus fécond, on raconte que celui-ci, au moment où le foffoyeur lui a offert de le remonter, lui a répondu qu'il acceptoit volontiers fon fecours, qu'il ne vouloit prendre la place de perfonne. On continue à s'entretenir beaucoup de lui dans les converfations, & fa lifte eft toujours furchargée d'une

quantité de noms de toute espece ; en sorte qu'une grande partie de la journée, en y joignant les commentaires, se passa à la lire.

Madame la comtesse de Maurepas est venue le voir, il y a quelques jours, & desirant lui apporter quelque chose d'agréable, elle a pressé le prince de Montbarrey de la charger d'une croix de Saint Louis pour le frere de M. de Vaugny. Celui-ci avoit servi autrefois dans le régiment des Gardes, mais obligé de vendre son emploi, il y a 10 ou 12 ans, par inconduite, il avoit perdu tout motif de l'obtenir. Malgré cela le ministre de la guerre n'a eu garde de refuser cette dame, & cette récompense a été accordée.

Les Dlles. Heynel & Guimard sont venues en députation chez ce protecteur de la part des consœurs de l'opéra, & le sieur de Vismes ne manque pas de lui rendre compte chaque jour des nouvelles de son tripot. Il va à merveille, a la tête très-libre, & soutient très-philosophiquement son état.

18 Décembre 1778. On parle beaucoup d'un *Eloge de Voltaire par le Roi de Prusse*.

18 Décembre. En attendant que la reine accouche, on s'entretient de son accoucheur Vermont, qu'on est toujours fâché de voir chargé de cet emploi. On rappote des faits de son ignorance & de sa barbarie, qui font frémir: mais ont rit plus volontiers de ses balourdises & de sa grossiéreté. Derniérement S. M. se plaignoit d'être plus grosse qu'on ne doit l'être dans son état : « c'est que vous êtes *ventrue*, madame, » a-t-il répliqué. Une autre fois la reine se plaignoit de sa gorge volumineuse : « c'est que vous » êtes naturellement *tettonniere*. »

On assure que S. M. pour s'amuser, a envoyé chez un charlatan nommé *Printems*, qui, par les urines, prétend connoître si une femme grosse aura un garçon ou une fille. On lui a caché qui étoit la personne qui le consultoit ; après son examen il a répondu que ce seroit un mâle ; alors on lui a déclaré qu'il auroit le cordon noir, s'il avoit pronostiqué juste. Ce Printems est un soldat qui, d'abord l'oracle du peuple, est devenu insensiblement un docteur de considération.

19 Décembre 1778. Le signor *Miracoloso Fiorentini*, qu'on fait écrire à M. Paulet, est un nom générique sous lequel on représente tous les empiriques, arcanistes, charlatans, médecins étrangers qui, par la composition & les objets exclusifs des travaux de la nouvelle société royale, vont triompher sous ses auspices. La qualité de docteur *Vindebonien* qu'on donne à M. Paulet, est relative à une ânerie qu'on lui reproche, en ce que, dans sa traduction du traité de la petite vérole de Rhazès, il traduit le mot latin de *Vindebonna*, qui veut dire *Vienne*, tout uniment par celui de *Vindebonne*.

Le Rob-Anti-Syphilitique du Sr. l'Affecteur, ancien inspecteur des vivres, prôné avec emphase par cette société royale dès son origine, est la matiere d'un des reproches les plus graves qu'on lui fait ; on veut que la cupidité seule ait excité certains docteurs, & sur-tout M. Paulet, à le prendre sous leur protection & à lui reconnoître un mérite qu'il n'a pas ; ce qui donne lieu à la révélation d'une foule de faits & d'anecdotes peu honorables pour ces messieurs.

On plaisante le docteur Paulet sur son ouvrage

contre l'inoculation, & sur son systéme d'arrêter l'introduction de la petite vérole dans un royaume, aux barrieres, comme de la contrebande, ainsi que sur la maniere de préserver des épizooties par de fréquentes & abondantes absolutions d'eau : sa *Gazette de Santé* est aussi tournée dans le plus parfait ridicule, par des louanges ironiques de la sagacité, de l'exactitude, de l'impartialité du rédacteur, de la simplicité & de la bonhommie de son style.

M. de Lassone n'est point oublié, & après avoir de nouveau rappellé quelques traits de son insatiable avarice, on dévoile la suite de ses manœuvres contre la faculté de médecine, afin d'empêcher sa défense & ses réclamations ; manœuvres dans lesquelles le seconde merveilleusement le secretaire Vicq d'Azyr, qui s'est trahi lui-même en avouant qu'il ne croit pas plus à la médecine qu'à la religion, quoiqu'il ait 10,000 livres de pension du gouvernement pour croire à la premiere. On veut que, dans une épizootie de moutons, il ait égorgé tous ceux soumis à son examen par des saignées réitérées, afin qu'ils ne mourussent pas de la clavelée.

On doit juger aisément par cet exposé de quelques paragraphes de la lettre, combien elle est piquante, ou plutôt sanglante contre les docteurs, plastrons des sarcasmes de l'anonyme. Il paroît trop bien instruit des vies & mœurs de ses confreres, pour qu'on ne le juge pas membre de la faculté ; il prodigue des citations de la fable & des poëtes Latins, qui l'annoncent également pour un homme de lettres ; & dans le contexte de l'ouvrage on remarque une tournure maligne dans la maniere du docteur le Preux : en sorte qu'on ne peut guere douter qu'il ne soit un autre fruit de sa fécondité & de son zele amer contre les docteurs de sa compagnie.

Décembre 1778. La premiere des deux chansons n'est à proprement parler qu'une introduction à la seconde : elle roule sur l'origine, la formation, l'accroissement de la société royale de médecine, fille dénaturée qui, après avoir calomnié la faculté, sa mere, l'assassine. On peint d'abord M. de Lassone, bas Normand & chef du complot, qui s'associe M. Vicq d'Azyr, Cadedis de Carpentras, & le met à la tête de six conjurés. Vingt autres, amorcés par l'espoir des dépouilles de cette pauvre faculté, se joignent aux premiers, mais ne recueillent que de la honte & de l'infamie ; les bons lots avoient été pour leurs devanciers : on prédit enfin à tous ces traîtres le juste supplice qu'ils obtiendront tôt ou tard.

Dans le noël suivant on passe en revue les membres de la société, sans en omettre aucun, & tous ont leur lardon : outre messieurs de Lassone & Vicq d'Azyr, qu'on fait encore revenir sur la scene, on représente le fils du premier, ainsi que les docteurs Lalouette & Chanseru, comme trois ânes ; le docteur la Porte, comme un taquin ; les docteurs Jeauroy & Thouret, comme deux personnages enlevés par foiblesse ; le docteur Lafosse, comme un consolateur doucereux : on reproche au docteur Poissonnier son bavardage, son ambition & sa vengeance ; au docteur Lorry, son amphigouri, son langage précieux & maniéré ; au docteur

Hallé, sa perfidie ; au docteur Poissonnier Despérieres, ses propres orduriers ; au docteur Jussieu, sa cupidité ; à l'abbé Tessier, son maquignonage & ses tracasseries ; au docteur Caille, sa misere qui le rend bas & vil ; au docteur le Roi, son ardeur d'acquérir des pratiques ; au docteur Macquer son infamie : on n'oublie pas de révéler la collusion mercenaire des docteurs Audry & Paulet avec le charlatan l'Affecteur ; on plaisante le docteur Bouquet sur sa prétendue découverte du savon, comme contre-poison de l'eau-forte ; le docteur Geoffroy sur les hannetons, le docteur Mauduit sur ses opérations électriques : on termine par les docteurs Coquereau, Macquart & Colombier ; l'un est le racoleur de la troupe, les deux autres sont regardés comme ramassés pour faire nombre seulement & au défaut d'autres.

On ne peut que gémir sur la discorde affreuse ainsi excitée entre des personnages graves & austeres, qui devroient se respecter davantage, & ne pas renouveller entr'eux ces antiques & méprisables querelles des savants *en us*.

20 *Décembre* 1778. M. le gouverneur de Paris a, suivant l'usage, dépêché un de ses pages à la ville pour lui annoncer les premieres douleurs de la reine ; sur quoi elle s'est assemblée à l'hôtel-de-ville & y a attendu avec impatience l'événement ; il a ensuite envoyé son capitaine des gardes lui apprendre que la reine étoit accouchée d'une fille. Le roi, rentré dans son appartement, a chargé un des officiers de ses gardes-du-corps du même message. Quoique ce ne soit pas un dauphin, le même cérémonial a été observé, & les présents ont eu lieu pour ce

qu'on appelle l'*ouverture du ventre*, ce qui ne se réitéroit pas une seconde fois.

20 *Décembre* 1778. M. le marquis de Villette, devenu possesseur de la terre de Ferney, a cru devoir aux habitants de cette colonie par Voltaire, une continuation de soins & de protection : en conséquence il a pris les mêmes moyens qui ne seront peut-être pas aussi efficaces, & a adressé une *requête poétique à M. Necker, directeur-général des finances, pour les habitants de Ferney*. Il y a des idées, des images & des vers ronflants.

21 *Décembre* 1778. Pour entretenir l'heureuse fermentation excitée en France en faveur des protestants, au défaut de secours plus efficaces, on vient de répandre une nouvelle brochure intitulée : *Réflexions d'un Citoyen Catholique sur les Loix de France relatives aux Protestants*.

21 *Décembre* 1778. C'est par un arrêt du conseil que le comité de la faculté de médecine a été supprimé. On dit que la faculté, indignée de cet acte de despotisme, a fermé ses écoles, & que l'université va intervenir pour cette fille persécutée.

22 *Décembre* 1778. Quoique les zélés du parlement pour le rétablissement des protestants dans les droits de citoyens aient manqué leur coup par la foiblesse du ministere & les vues politiques de la cour, ils ne sont pas découragés cependant, & ils se flattent de pouvoir l'emporter avant peu.

23 *Décembre* 1778. Les comédiens Italiens donnent aujourd'hui la premiere représentation des *Fausses apparences*, ou *l'Amant jaloux*, comédie en trois actes en prose, mêlée

riettes. Les paroles font de M. d'Hell, Anglois, l'auteur du *Jugement de Midas*; & la musique du Sr. Gretry. Cette piece a été jouée le mois dernier à la cour avec beaucoup de succès, & le nom des auteurs est de très-bon augure.

24 *Décembre* 1778. Le tribunal général de l'inquisition tint le 24 novembre 1778 un acte secret, dans lequel comparut comme accusé le Sr. *Paul olavides*, assistant de Séville & Surintendant des nouvelles colonies de la Sierra Morena.

On procéda au rapport de son affaire, qui dura depuis huit heures du matin jusqu'à midi & demi. Les griefs fondés sur ses excès & son libertinage, étoient renfermés dans 170 articles d'une part & 70 d'une autre, sur le témoignage de 78 témoins.

Ayant été déclaré hérétique dans toutes les formes, il se présenta en cette qualité tenant en main une torche de cire verte & surchargé de la croix de Saint André, dont néanmoins M. le grand inquisiteur lui fit grace. Il fut condamné à la confiscation de tous ses biens, à huit ans de clôture dans un couvent, pendant la premiere année desquelles il devra jeûner les vendredi, si sa santé le lui permet, ce qui sera remis à la décision d'un directeur éclairé qu'on lui nommera pour le fortifier dans la pratique de ses exercices & l'instruire de la religion chrétienne : il lui fut enjoint de faire réguliérement ses prieres du matin & du soir, de lire le *Guide des Pécheurs* du révérend frere Louis de Grenade, de réciter tous les jours à genoux le rosaire, ainsi qu'un *credo* : il fut déchu de tous ses titres & charges, & déclaré incapable d'en posséder jamais aucune ; défenses d'user à l'avenir de vétements de soie, de velours, de tissus d'or & d'argent, ni de galons & de porter des pierreries : ordre au contraire de s'habiller en drap jaune du plus commun ; défenses également de monter à cheval ni de porter des armes : on prononça ensuite son bannissement perpétuel de Séville, de toutes les maisons royales de Madrid, des nouvelles colonies & Lima, lieu de sa naissance, où il prit le grade de docteur.

On lui fit faire en qualité d'hérétique une abjuration solemnelle, il fut absous de l'excommunication & réconcilié suivant toutes les formalités prescrites par les saints canons ; à l'effet de quoi se présenterent quatre prêtres en surplis, ayant chacun une poignée de verges à la main ; dont ils le frapperent sur les épaules suivant la cérémonie d'usage, pendant qu'on récitoit le pseaume *Miserere*. Il fit sa profession de foi & fut interrogé sur plus de trente articles de croyance.

Dès que les deux secretaires eurent fini de lire la procédure, au moment où l'on prononça ces mots, *nous le déclarons atteint & convaincu d'hérésie*, le sieur Olavidès tomba en syncope de dessus la sellette : il ne perdit cependant pas connoissance ; on lui donna de l'eau & du vin, ce qui le rétablit & le mit en état d'entendre sa sentence, à la suite de laquelle il fit sa profession de foi, baigné de larmes & poussant des gémissements qui firent bien augurer de son repentir. Ses erreurs sont en grand nombre & des plus extravagantes, provenant de ce qu'il n'a pas voulu croire au sixieme commandement, ni à l'exiftence d'un enfer deftiné à en punir les violements ; chofes qui lui firent concevoir une haine implacable contre le clergé féculier & régulier, ce qui a été en lui le fruit de fes rapports & relations avec Voltaire & Rouffeau. On le dépouilla de l'ordre de St. Jacques dont il avoit été décoré.

Le comité qui affifta à ce jugement, étoit compofé des ducs de Grenade, d'Hixar, d'Abrantes, du comte de Mora, du comte de la Corogne, de trois confeillers de Caftille, deux des finances, deux du confeil des Indes, deux des ordres royaux, & un du département de la guerre ; de l'abbé de Saint-Martin, avec deux de fes moines, du prieur de l'Efcurial, de l'abbé de St. Bazile, de deux trinitaires, de deux religieux de la merci, du pere Cantenas capucin, de plufieurs prêtres décorés, & de plufieurs chevaliers de l'ordre royal & diftingué de Charles III.

24 *Décembre* 1778. La comédie Françoife a donné avant-hier fon fpectacle *gratis*, en réjouiffance de *l'ouverture du ventre de la Reine*. Les poiffardes & les charbonniers, formant les deux premieres corporations de la populace, étant arrivés tard ont été arrêtés par la garde, qui leur a déclaré qu'il n'y avoit plus de place; ils ont trouvé ce propos très-mauvais, & ont demandé pourquoi l'on avoit laiffé occuper les loges du roi & de la reine, qui en pareille cérémonie leur appartiennent de droit ? Grande rumeur ! il a fallu appeller le femainier, & la troupe des comédiens s'étant affemblée pour délibérer, on a reconnu par la compulfation des regiftres la légitimité de leur réclamation. Pour y fuppléer on a

mis des banquettes fur le théatre de chaque côté, où les charbonniers ont pris place du côté du roi, & les poissardes du côté de la reine. Avant de commencer un charbonnier a lu un papier qu'il tenoit, c'étoit un bulletin de la santé de S. M. : ce qui a donné lieu à des danses de joie & à des propos dignes des interlocuteurs. Enfin la tragédie de *Zaïre* a commencé, & toute l'assemblée a été dans le plus grand silence, & a parfaitement goûté les beautés de sentiment de cet ouvrage.

24 *Décembre* 1778. Les *Fausses apparences* ou *l'Amant jaloux*, ont eu hier le plus grand succès aux Italiens, tant pour le poëme que pour la musique. Le premier est dans le vrai caractere Espagnol, & il y a apparence que l'ouvrage est tiré de quelque roman ou comédie de cette nation; quant à l'autre, elle lui est parfaitement analogue & digne du génie du compositeur.

25 *Décembre* 1778. On ne doute pas aujourd'hui que M. Ducis ne soit l'heureux qui siégera dans le fauteuil académique de M. de Voltaire. Le succès de sa tragédie, la faveur de *monsieur*, & l'invitation qu'il a reçue de la compagnie de se mettre sur les rangs, tout lui assure son élection prochaine, & il s'en vante déja assez indiscrétement, il est vrai.

25 *Décembre*. Personne ne connoissoit guere la *Satire des Satires* avant que Me. Linguet en parlât dans son No. XXIX; & comme après avoir lu le long article qu'il en fait, on ne la connoît guere davantage, il a excité la curiosité générale.

Cet opuscule poétique, enrichi de notes hardies, n'est pas susceptible d'être vendu publiquement, & il ne s'est pas même vendu; c'est un M. de la Reyniere, fils du fermier-général, disgracié de la nature dans son physique, mais dédommagé du côté de l'esprit, des talents & de l'adresse, qui l'a colporté avec beaucoup de zele; ce qui pourroit faire présumer qu'il y auroit grande part. En effet, la facture en paroît d'une maniere nouvelle & ne ressemblant à aucune de celles que nous connoissons. Il y a des morceaux très-bien faits, il y en a d'autres prosaïques; quelquefois le ton en est noble & élevé, quelquefois ignoble & bas; en un mot, les inégalités dont il est rempli feroient présumer que le poëte n'est pas encore bien ferme dans les routes escarpées du Parnasse : on juge aussi facilement que c'est un disciple de la philosophie, un admirateur des coryphées de la secte encyclopédique, & un admirateur outré de leurs œuvres. Telles sont les premieres notions qu'on recueille sur l'auteur en le lisant; car il faut regarder comme une ruse pour dépayser les curieux, la lettre d'un duc qui est à la tête & réponse, encore mieux ces 80 ans dont le jeune écrivain surcharge sa tête.

26 Décembre 1778. L'auteur de la *Satire des Satires* se donne pour le vengeur de la philosophie outragée dans tant d'écrits modernes : il passe en revue les principaux chefs du parti adverse, les abbés Sabbathier & Grosier, les sieurs Freron, Palissot, Clément, Gilbert, enfin Me. Linguet. Après les avoir peint avec quelque vérité & encore plus de partialité, d'injustice & de méchanceté, il les exhorte à abjurer leur métier; ou si le démon de la satire les poſsede impérieuſement, à imiter Juvenal & à tonner contre les vices, à faire pâlir le deſpotiſme ſous le dais, & frémir le fanatiſme ſur l'autel : les anecdotes des Calas, des Sirven, du chevalier de la Barre & celle toute récente de M. de Lille, excitent le zele du poëte & enrichiſſent ſon pamphlet.

Les notes qui ſont à la ſuite, développent encore mieux ce qu'il ne fait qu'ébaucher dans ſes vers. On le juge un partiſan des plus chauds de l'auteur de la *Philoſophie de la Nature*, par ſon acharnement contre la famille des Clément, janſéniſtes inſtigateurs de la perſécution qu'il a eſſuyée, & contre le Châtelet qui avoit rendu contre lui le jugement inique & barbare que le parlement a infirmé. On conçoit que ces anecdotes ſcandaleuſes révélées ſans ménagement pour les perſonnages, ne permettent pas que la *Satire des Satires* reçoive aucune tolérance de la part du gouvernement.

27 *Décembre* 1778. On croit que c'eſt demain lundi que M. Ducis ſera élu membre de l'académie Françoiſe.

27 *Décembre.* Les réjouiſſances pour *l'ouverture du ventre de la Reine*, ont eu lieu hier & ont commencé par un *Te Deum*, auquel ont aſſiſté M. le garde-des-ſceaux & les cours. Les illuminations des Invalides en couleur & celles du Palais-Bourbon, de la plus grande élégance, ont ſur-tout attiré les amateurs ; mais on a été indigné de la meſquinerie des habitants des places de Louis XV, de Vendôme & des Victoires, tous créſus qui auroient dû ſe ſignaler.

On a remarqué une devife de la *Pierre au lait*, enfeigne d'une crêmiere à la porte de Paris; elle avoit mis ces deux vers.

La Nation au ciel demandoit un Amour,
Une Grace defcend l'annoncer à la Cour.

28 *Décembre* 1778. Le comte Paul Olavides devient un homme trop intéreffant aujourd'hui pour ne pas raffembler tous les détails qu'on peut recueillir concernant cette infortunée victime du fanatifme. Il a 50 à 55 ans; il eft né au Pérou, & par la feule force de fon génie s'affranchit de bonne heure des préjugés & de la fuperftition fi communs chez fes compatriotes. Il préfenta dans ces climats lointains le rare fpectacle d'un philofophe; mais cachant prudemment fa façon de penfer, il parvint par fon mérite à la place d'oydor ou de juge à Lima. Sa fermeté, fon intégrité, fes lumieres, fon indépendance le rendirent odieux aux jéfuites, qui lui intenterent un procès confidérable & l'obligerent de venir fe défendre en Europe: il fuccomba. Il étoit magnifique en tout; il avoit fait de grandes dépenfes & fut emprifonné pour dettes; il couroit rifque de refter long-temps en captivité, lorfque la veuve d'un premier commis qu'il avoit fu charmer, le vint trouver un jour, & lui déclara qu'il feroit maître de fortir le lendemain, qu'elle avoit payé toutes fes dettes. Son premier foin fut d'aller voir fa bienfaitrice, qui pour toute récompenfe lui demanda fa main. Devenu ainfi puiffamment riche, il fe livra aux belles-lettres & à la philofophie: pour perfectionner fes connoiffances

il demanda permiſſion de voyager à ſa femme, il vint en France, & ſe plut beaucoup à Paris; on ne ſait ſi ſon projet étoit de s'y établir un jour, mais il s'y fit 60,000 livres de rentes viageres : il vit nos beaux eſprits & nos philoſophes, il lut tous nos excellents ouvrages modernes, & revint dans ſon pays, ſur-tout enthouſiaſmé de notre théatre : il ajuſta pluſieurs de nos pieces au théatre Eſpagnol. Il plut au comte d'Aranda, alors préſident du conſeil de Caſtille. Ce ſeigneur reconnut en lui non-ſeulement un homme de goût, mais un homme d'état. Dans la circonſtance critique de la révolte de Madrid qu'on peut ſe rappeller, lorſqu'il s'agit de faire des innovations dans le coſtume Eſpagnol, & d'expulſer les jéſuites, il le chargea de la police de cette capitale : il lui fit avoir enſuite l'intendance de Séville. Ce fut pendant cette adminiſtration qu'il fit préſenter à la cour ſon mémoire pour le défrichement de la *Sierra Morena*, canton inculte, où il ne croiſſoit que du bois dégradé, & qu'il prouva être ſuſceptible de devenir un des ſols les plus fertiles de l'Eſpagne. Son projet fut accepté ; il appella des Allemands & autres étrangers, ſans s'embarraſſer de quelle religion ils étoient, pourvu qu'ils euſſent des bras & de l'induſtrie, & fonda ſa colonie qui réuſſit à merveille : il établit une ville chef-lieu de ſa réſidence. Un couvent de moines, dont le voiſinage lui déplaiſoit, gênoit ſes opérations ; il profita de ſon crédit pour les tranſporter ailleurs. Ces moines en conſerverent un reſſentiment profond. Le Sr. Olavides s'en repoſant ſur le miniſtre éclairé qui gouvernoit le royaume, fut moins circonſpect dans ſes propos & dans ſa conduite. Ses ennemis s'en prévalurent ; ils tinrent ſecrétement regiſtre de tout ce qui lui échappoit contre la religion , & attendirent le moment favorable de la diſgrace du comte d'Aranda & du rétabliſſement de l'inquiſition pour éclater & écraſer le ſieur Olavides , comme coupable d'héréſie ; machination qui l'a conduit enfin au ſort funeſte qu'on vient d'apprendre.

28 *Décembre* 1778. On doit donner inceſſamment ſur le théatre lyrique la tragédie d'*Hellé* en trois actes, dont la muſique eſt du ſieur Floquet. Tous les partiſans de ce muſicien attendent avec impatience cet ouvrage de l'auteur, le premier qu'il donne depuis ſon voyage, ſon ſéjour & ſes profondes études en Italie.

28 *Décembre*. Rien de plus plaiſant que la querelle du tripot lyrique contre le ſieur de Viſmes : les chefs indociles de ce troupeau voulant l'aſſimiler à celle des Inſurgents contre la mere patrie, ſe donnent les noms brillants de *Washington*, de *Franklin*, de *Hancock*, &c. Ils étoient parvenus à effrayer le directeur, & à le déterminer à entrer en compoſition avec eux pour quitter ſa place & leur remettre l'adminiſtration à pâque, ſi le gouvernement l'eût approuvé ; les propoſitions du traitement exigé par ce dernier ont paru trop fortes, & l'on en a référé à M. Amelot. Ce ſecretaire d'état a cru devoir rendre compte au roi de la fermentation & prendre ſes ordres. S. M. lui a demandé ſi le public étoit content des innovations & améliorations de M. de Viſmes ? Le miniſtre a répondu que le public l'avoit d'abord

critiqué beaucoup, mais enfin commençoit à lui rendre juſtice, & à eſpérer des changements plus heureux de ſa part : « eh bien! » a répliqué S. M. « qu'il reſte & qu'*on ne me parle plus de cette* CANAILLE-*là.* » M. Amelot a écrit en conféquence une lettre miniſtérielle à M. de Viſmes pour qu'il la communiquât à ſes vaſſaux & les fît rentrer tous dans la ſubordination.

28 *Décembre* 1778. Dans les *Réflexions d'un Citoyen Catholique ſur les Loix de France relatives aux Proteſtants*, on rappelle toutes ces loix en grand nombre, & il n'en eſt aucune depuis 1665 qui ne ſoit marquée au coin du fanatiſme, du ridicule, de l'abſurdité, ou de la barbarie. C'eſt l'abrogation de ces loix que ſollicitent déja la tolérance, le bon ſens, l'humanité, la religion même qu'on demande : & le moment préſent bien loin d'être favorable, comme l'inſinue une fauſſe ou perfide politique, eſt celui, au contraire, où elle peut procurer plus ſûrement les plus grands avantages, & où la conſervation de ces loix peut être plus dangereuſe pour la proſpérité publique.

Tel eſt le réſultat de cet écrit long & lumineux, compoſé ſous les auſpices du parlement, & propagé par les zélés qui eſperent éclairer ainſi le gouvernement.

28 *Décembre.* Un Genevois d'environ 30 ans, qui a vécu long-temps en Angleterre, demeurant chez M. *Tronchin,* après avoir voulu ſe brûler la cervelle inutilement, ſon piſtolet ayant fait long feu, s'eſt jeté par la fenêtre : il avoit laiſſé ſur ſa table deux lettres pour rendre compte de ſa conduite, motivée uni-

quement fur le *tædium vitæ* : c'eft le quatrieme fuicide de perfonnes connues, depuis quinze jours.

28 *Décembre* 1778. On dit que le garde-des-fceaux a écrit à la faculté de médecine de reprendre fes fonctions publiques, de rouvrir fes écoles, de les tenir comme à l'ordinaire, & fur-tout de fe conformer à fes ftatuts.

29 *Décembre* 1778. Extrait d'une lettre de Bordeaux, du 21 décembre....... Le comte de Linieres, capitaine du régiment *Royal-Vaiffeau*, a donné une fort jolie piece, qui a eu un fuccès étonnant. Elle a pour titre *le Connoiffeur*, ou *à quelque chofe malheur eft bon*. Le fujet eft tiré des *Contes moraux* du fieur Marmontel : il eft froid en lui-même & ne préfente pas infiniment d'intérêt ; il ne fournit ni beaucoup d'action ni de grands mouvements ; mais le ftyle de l'auteur eft agréable, fa poéfie eft légere & facile : en général, il regne dans fon ouvrage beaucoup d'efprit, fans cependant qu'il femble avoir couru après ; il y a des morceaux de détail charmants & pleins de fineffe ; du refte, point de langueur & de la rapidité.

Encouragé par ce premier effai, M. le comte de Linieres vient de mettre à l'étude un petit opéra comique compofé dans quatre jours ; il fera exécuté vers la fin du mois prochain ; il fe propofe d'envoyer fon *Connoiffeur* à Mad. la marquife de Monteffon, dans l'efpérance, fans doute, qu'elle le fera jouer fur fon théatre.

29 *Décembre*. L'opéra a donné mercredi dernier, gratis, *Caftor & Pollux*, & l'on y a

ajouté le *ballet de la Chercheuse d'Esprit*, sur la requisition des coryphées de la danse. On a terminé par le chœur d'*Iphigénie*, *Chantons, célébrons notre Reine*, &c. Le peuple ayant bientôt saisi l'application de ces paroles, qui réussirent si merveilleusement dans le temps, à la premiere représentation de cet opéra devant la reine, fit recommencer, & l'enthousiasme fut tel que le chorus devint général; on dansoit, on s'embrassoit, on crioit à tue-tête. Point de musique de Gluck qui vaille ce désordre d'alégresse & de sensibilité.

19 *Décembre* 1778. L'académie Françoise a en effet élu hier M. Ducis. Ont fait aujourd'hui que c'est un coup de politique de la part du secretaire & consorts. Ils n'ignorent pas que *monsieur* les détefte, & par contre-coup le corps qu'ils dirigent, qu'il a déclaré son aversion pour l'académie, son projet de la détruire s'il devenoit roi; enfin ils frémissent encore de la crise où elle s'est trouvée naguere; comme S. A. royale aime beaucoup le secretaire de ses commandements, ils ont été bien aises de trouver l'occasion de se ménager en lui un appui, un protecteur, un défenseur auprès du prince son maître; ils ont profité avec empressement de la circonstance du succès récent de sa tragédie, pour paroître n'accorder qu'au mérite un choix qui est l'effet du soin de leur propre conservation.

30 *Décembre*. 1778. De tous les cordeliers, quatre seulement s'opposent à leur translation, & donnent pour raison l'éloignement où les jeunes gens se trouveront des écoles de théologie. Ces quatre récalcitrants sont les moins

inftruits de l'ordre ; il leur a fallu des difpenfes pour parvenir aux grades : l'archevêque de Paris ne les aimoit pas; depuis leur réfiftance ce prélat les favorife & les affectionne. Malgré cet obftacle, on fe propofe d'obtenir inceffamment des lettres-patentes du propre mouvement du roi, ce qui doit lever tout empêchement légal.

30 Décembre 1778. M. le marquis de Paulmy a une des belles bibliotheques de Paris. Mais comme un particulier ne peut en pofféder une complete dans tous les genres, il s'eft fur-tout attaché à celui des romans, & a porté fa collection au plus haut degré poffible. Il a depuis imaginé de la communiquer par extrait au public, fous le titre de *Bibliotheque univerfelle des Romans* ; il eft homme de lettres, il a choifi des coopérateurs fous lui & a entrepris cette longue tâche dans une forme périodique. Pour lui donner plus de confiftance, il a obtenu un privilege au nom de M. de Baftide. Depuis quelques années que l'ouvrage eft commencé il a été fort goûté du public, & a attiré quantité de foufcriptions. Malgré le bénéfice confidérable qui devoit en réfulter, le prête-nom fe trouve avoir toujours beaucoup de créanciers ; cela dérange les opérations & trouble les travaux; il en réjaillit même des importunités auprès du protecteur. M. de Paulmy en eft excédé, & voudroit bien fe débarraffer de monfieur de Baftide, ce qui ne peut s'effectuer que de fon confentement, puifqu'il eft propriétaire du privilege; il a pris le parti de lui refufer les matériaux : fi cette humeur dure, il eft à craindre que le journal n'en fouffre, & que l'entreprise n'échoue long-temps avant d'être à son terme.

31 *Décembre* 1778. Les considérations puissantes dont se sert l'auteur de la brochure en faveur des protestants, sont que l'état a besoin de ressources nouvelles; que cent mille familles rapportant en France leurs richesses & leur industrie offrent des ressources plus durables, des secours plus réels que tout le crédit apparent qu'on peut se procurer par ces ruses d'agiotage, honorées de nos jours du nom d'opérations de finances : que la séparation de l'Amérique a jeté le découragement dans le commerce & dans les manufactures Angloises; que ceux des réfugiés François qui seroient restés dans cette nouvelle patrie, s'empresseront de la quitter pour rentrer chez nous ; qu'autrement l'Amérique offrant aux protestants François un vaste pays, habité par les alliés de la France, où regnent la liberté de conscience & la liberté politique, où tous les hommes sont égaux, où les ouvriers de toute espece peuvent espérer du travail & même de la fortune, où des terreins immenses attendent des mains pour les cultiver, faute d'user dans le moment présent du véritable moyen de le contenir, nous sommes menacés d'une émigration nouvelle; qu'enfin, pour l'éviter, il ne restera que deux partis, ou de conserver des loix sanglantes & souvent inutiles, ou d'ôter aux protestants le desir de chercher une nouvelle patrie en-les rétablissant dans les droits que la loi ne peut ravir avec justice, qu'aux hommes qui ont mérité de les perdre par un crime.

Fin du douzieme Volume.

www.ingramcontent.com/pod-product-compliance
Lightning Source LLC
Chambersburg PA
CBHW051920160426

43198CB00012B/1974